L&PM POCKET ENCYCLOPAEDIA

Mitologia grega

Alexandre, o Grande Pierre Briant
Bíblia John Riches
Budismo Claude B. Levenson
Cabala Roland Goetschel
Capitalismo Claude Jessua
Cérebro Michael O'Shea
China moderna Rana Mitter
Cleópatra Christian-Georges Schwentzel
A crise de 1929 Bernard Gazier
Cruzadas Cécile Morrisson
Dinossauros David Norman
Drogas Leslie Iversen
Economia: 100 palavras-chave Jean-Paul Betbèze
Egito Antigo Sophie Desplancques
Escrita chinesa Viviane Alleton
Evolução Brian e Deborah Charlesworth
Existencialismo Jacques Colette
Filosofia pré-socrática Catherine Osborne
Drogas Leslie Iversen
Geração Beat Claudio Willer
Guerra Civil Espanhola Helen Graham
Guerra da Secessão Farid Ameur
Guerra Fria Robert McMahon
História da escrita Andrew Robinson
História da medicina William Bynum
História da vida Michael J. Benton
Império Romano Patrick Le Roux
Impressionismo Dominique Lobstein
Islã Paul Balta
Jesus Charles Perrot
John M. Keynes Bernard Gazier
Jung Anthony Stevens
Kant Roger Scruton
Lincoln Allen C. Guelzo
Memória Jonathan K. Foster
Maquiavel Quentin Skinner
Marxismo Henri Lefebvre
Mitologia grega Pierre Grimal
Nietzsche Jean Granier
Paris: uma história Yvan Combeau
Platão Julia Annas
Pré-história Chris Gosden
Primeira Guerra Mundial Michael Howard
Relatividade Russell Stannard
Revolução Francesa Frédéric Bluche, Stéphane Rials e Jean Tulard
Revolução Russa S. A. Smith
Rousseau Robert Wokler
Santos Dumont Alcy Cheuiche
Sigmund Freud Edson Sousa e Paulo Endo
Sócrates Cristopher Taylor
Teoria quântica John Polkinghorne
Tragédias gregas Pascal Thiercy
Vinho Jean-François Gautier

Pierre Grimal

Mitologia grega

Tradução de Rejane Janowitzer

www.lpm.com.br

L&PM POCKET

Coleção **L&PM** POCKET, vol. 782

Pierre Grimal, especialista em história antiga de renome mundial, foi membro da Academia Francesa.

Texto atualizado conforme a nova ortografia.
Título original: *La Mythologie Grecque*

Primeira edição na Coleção **L&PM** POCKET: julho de 2009
Esta reimpressão: novembro de 2013

Tradução: Rejane Janowitzer
Capa: Ivan Pinheiro Machado. *Foto*: Pórtico das Caríades (421a.C., Atenas)
Preparação de original: Bianca Pasqualini
Revisão: Simone Diefenbach Borges

CIP-Brasil. Catalogação na fonte
Sindicato Nacional dos Editores de Livros, RJ

G873m

Grimal, Pierre, 1912-1996
Mitologia grega / Pierre Grimal; tradução de Rejane Janowitzer. – Porto Alegre, RS: L&PM, 2013.
128p. – (Coleção L&PM POCKET; v. 782)

Tradução de: *La Mythologie Grecque*
ISBN 978-85-254-1898-2

1. Mitologia grega. I. Título. II. Série.

09-1899. CDD: 292.08
CDU: 255.2

Rua Comendador Coruja 314, loja 9 – Floresta – 90220-180
Porto Alegre – RS – Brasil / Fone: 51.3225.5777 – Fax: 51.3221-5380

Pedidos & Depto. comercial: vendas@lpm.com.br
Fale conosco: info@lpm.com.br
www.lpm.com.br

Impresso no Brasil
Primavera de 2013

Sumário

Introdução
O mito no pensamento dos gregos antigos 7

Capítulo I
Mitos e mitologia 13

Capítulo II
Os grandes mitos teogônicos 24

Capítulo III
O ciclo dos olímpicos 40

Capítulo IV
Os grandes ciclos heroicos 63

Capítulo V
A vida das lendas 95

Capítulo VI
Os mitos diante da ciência moderna 110

Introdução

O mito no pensamento dos gregos antigos

Dá-se o nome de mitologia grega ao conjunto de relatos fantásticos e lendas cujos textos e monumentos representativos nos mostram que estavam em voga nos países de língua grega entre os séculos IX ou VIII antes de nossa era, época a que se reportam os poemas homéricos, e o fim do paganismo[1], três ou quatro séculos depois de Jesus Cristo. É uma matéria enorme, de definição bastante complicada, de origens e características muito diversas e que desempenhou e desempenha ainda um papel considerável na história espiritual do mundo.

Todos os povos, em um determinado momento de sua evolução, criaram lendas, ou seja, relatos fabulosos aos quais durante certo tempo deram crédito – ao menos em algum grau. No mais das vezes, as lendas, por fazerem intervir forças ou seres tidos como superiores aos humanos, pertencem ao domínio da religião. Elas se apresentam, pois, como um sistema mais ou menos coerente de explicação do mundo, e cada um dos gestos do herói cujas proezas são relatadas é criador e gerador de consequências que ressoam pelo universo inteiro. A esse tipo pertencem os grandes poemas épico-religiosos da literatura indiana. Em outros países é um elemento épico que predomina. É claro que os deuses não estão ausentes do relato, no qual sua ação é sensível, mas a gênese do mundo não chega a ser posta em questão. O herói se contenta em dar grandes golpes de espada, inventar ardis memoráveis, realizar viagens a países fantásticos, mas, mesmo ultrapassando a

1. Paganismo: religião pagã, em que se adoram muitos deuses. (N.T.)

escala humana, continua essencialmente humano. A esse tipo pertencem sobretudo os ciclos lendários dos celtas, que os romanos gauleses, por exemplo, nos fizeram conhecer. Em outros lugares ainda, os relatos do mito acabaram perdendo quase todo o seu caráter fabuloso, passando a se dissimular sob as aparências da história. Os romanos, particularmente, parecem ter integrado dessa maneira, em suas crônicas mais antigas, verdadeiras gestas lendárias: o heroísmo de Horácio Cocles defendendo a ponte do Tibre contra os invasores não é, segundo se diz, senão a última metamorfose de um demônio caolho cuja estátua, colocada na margem do rio, teria perdido o significado inicial e finalmente servido para fabricar por completo um episódio da luta (em parte histórica) entre romanos e etruscos.

O mito, na Grécia, adquire todas essas naturezas. Colore-se de história e serve de título de nobreza para as cidades ou para as famílias. Desenvolve-se como epopeia e apoia ou explica as crenças e os ritos da religião. Nenhuma das funções que a lenda ocupa em outros lugares lhe é estranha. Mas ele é muito mais. A palavra grega que serve para designá-lo (μυθοζ) aplica-se a todas as histórias contadas, tanto ao tema de uma tragédia ou intriga de uma comédia quanto ao tema de uma fábula de Esopo. O mito opõe-se ao *logos*, como a fantasia opõe-se à razão e a palavra que relata à que demonstra. *Logos* e *mythos* são as duas metades da linguagem, duas funções igualmente fundamentais da vida do espírito. O *logos*, sendo um raciocínio, pretende convencer; ele provoca em quem ouve a necessidade de fazer um julgamento. O *logos* é verdadeiro se for correto e conforme à "lógica"; é falso se dissimular algum embuste secreto (um "sofisma"). Mas o "mito" não tem outro fim senão ele mesmo. Quer se acredite nele ou não, ao bel-prazer, por um ato de fé, quer seja considerado "belo" ou verossímil, ou simplesmente porque se deseja acreditar nele. O mito se vê, assim, atraindo à sua volta toda a parte irracional do pensamento humano: ele é, pela própria natureza, aparentado da arte, em todas as suas criações. Esta é talvez a característica mais interessante do mito grego: a constatação de que ele se integrou a todas as atividades do espírito. Não existe nenhum domínio do helenismo, tanto na plástica quanto na literatura, que não tenha constantemente recorrido a ele. Para um grego, o mito não conhece fronteiras. Ele se insinua em toda parte. É tão essencial a seu pensamento quanto o ar ou o sol o são à sua própria vida.

As primeiras epopeias hoje conhecidas em língua grega, a *Ilíada* e a *Odisseia*, já são "mitos" no sentido amplo. Caracterizam-se pela mistura constante do humano e do super-humano. Os heróis da *Ilíada* têm por ancestrais, ou por pais, uma ou várias divindades e ao mesmo tempo são considerados ancestrais de famílias nobres históricas. Aquiles é filho de Tétis, deusa do mar, e seu destino é determinado por oráculos existentes por toda a eternidade. Helena, pivô da guerra de Troia, é filha de Zeus, e foi a vontade de Afrodite, a deusa do amor, que a levou a deixar o marido e a filha quando o troiano Páris foi buscá-la em Esparta. Nos dois campos combatem deuses e deusas: Apolo, protetor de Páris, ofendido por causa de um de seus sacerdotes, cuja filha Crises fora raptada pelos aqueus[2], semeia a peste nos seus exércitos. Posídon, Atena e Ares intervêm na luta. E as proezas de Aquiles são o testemunho, sem dúvida, não só do valor pessoal do herói, mas também da proteção divina que não lhe falta em nenhum momento.

Dá-se o mesmo com a *Odisseia*. A descendência divina de Ulisses é sem dúvida menos atestada – a tradição que faz dele o bastardo de Autólico, filho de Hermes, não é a única conhecida –, mas a deusa Atena se constitui sua protetora e é ela que, finalmente, o salva da ira e do rancor do deus do mar, Posídon. A epopeia grega pretende essen-

2. Aqueus: naturais ou habitantes de Acaia, colonizadores da Grécia antiga. (N.T.)

cialmente engrandecer os debates dos homens e, através do mito, ampliá-los às dimensões do universo. Seus relatos, tomados à letra, manifestam uma fé religiosa: Zeus e as divindades do Olimpo intervêm nas questões humanas de modo concreto; é preciso honrá-los com sacrifícios, acalmar seus ressentimentos, ganhar suas boas graças por todos os meios. Mas, desde logo, a interpretação tende a ultrapassar a estreita materialidade. Quando Zeus pesa em uma balança os "destinos" (as *moiras*) de Aquiles e de Pátroclo se enfrentando num combate singular sob os muros de Troia, é bem difícil admitir que os gregos da época clássica tenham acreditado de fato na gigantesca balança, da qual um de seus pratos tocava o céu e o outro mergulhava nas trevas infernais, mesmo que Ésquilo, em uma tragédia perdida, tenha acreditado ser possível representar no mundo material esse juízo de almas. O mito não é *urgente* em seus termos. Ele desenha uma imagem, um símbolo, de uma realidade que, de outro modo, seria inefável. É bastante provável que aos próprios olhos do poeta o episódio tenha sido tão-somente um meio de expressão, uma forma de revelação que ajudava a conceber o mistério do mundo, mas que não devia ser tomado ao pé da letra.

Da mesma maneira, os santuários erigidos às divindades mostravam, sobre seus frontões, um episódio característico da lenda do deus ou da deusa a quem pertencia o templo. Sobre o frontão leste do Parthenon, tem-se o nascimento milagroso de Atena; no oeste, a disputa de Posídon e Atena reivindicando, ambos, a posse de Ática. Essas imagens encarnam, de maneira *total*, e melhor do que faria qualquer análise apoiada em palavras, o sentimento que os atenienses tinham de sua cidade e de si mesmos: Atena jorrando da cabeça do mestre todo-poderoso, nascida sem mãe, assim como o povo ático "saiu do sol" (autóctone, dizia-se então), mas saída contudo da Prudência (*Métis*), a quem, no passado, seu pai se unira. Deméter e

Core – a Terra e a Vegetação – aguardam com serenidade o anúncio do nascimento milagroso. E logo em seguida, sobre a terra banhada de presentes do mar, impregnada do sal e do vento marinho de Posídon, a deusa fará brotar a oliveira, a mais lenta, a mais sábia, a mais luminosa de todas as árvores. Mesmo que não se acreditasse mais em sua verdade literal, o mito de Atena não deixava de ensejar meditações infinitas nem de ser uma inspiração cuja força, passados tantos séculos, ainda não se esgotou.

Do pensamento, o mito passou a viver uma vida própria, no meio do caminho entre a razão e a fé ou o jogo. Tornou-se a fonte de toda a meditação dos gregos e, depois deles, de seus longínquos herdeiros; no mito, os poetas trágicos foram buscar seus temas, e os poetas líricos, suas imagens. Prometeu, Édipo, Orestes foram primeiramente heróis de lenda. As imagens de Aquiles ou de Ulisses e a loucura de Ajax foram incansavelmente reproduzidas em vasos: cântaros de vinho, tigelas e recipientes de toda espécie misturavam o mito à vida cotidiana e tornava-os familiares. Em casa ou no teatro, suas representações são companhias que impregnam o pensamento, ocupam a imaginação, dominam as concepções morais. Até os filósofos, quando o raciocínio chega ao limite, recorrem a ele como um modo de conhecimento suscetível de alcançar o inconhecível. Assim, Platão, em *Fédon*, em *Fedra*, em *O banquete* e em *A república*, entre outros, prolonga seu pensamento com mitos que ele inventa. Sem dúvida não é exagero afirmar que essa generalização do mito, essa liberação de seus poderes, foi um dos aportes fundamentais – talvez o aporte mais essencial – do Helenismo ao pensamento humano. Graças a ele, o *sagrado* perdeu seus terrores; uma região inteira da alma se abriu à reflexão; graças a ele, a poesia pôde se fazer sabedoria.

Capítulo I

Mitos e mitologia

O trabalho dos escritores e dos sábios antigos que utilizaram os dados lendários ou que simplesmente os recolheram não conseguiria nos ocultar a surpreendente diversidade dessas lendas nem mesmo a incoerência que lhes é própria. Homero, Hesíodo, Píndaro e Ésquilo dão, é verdade, a impressão de se referir a um sistema mítico bem definido cujos deuses e heróis apresentam características fixas irrevogáveis e parecem possuir uma lenda de episódios conhecidos. Mas é uma impressão enganadora; ela resulta sobretudo do fato de esses poetas (Hesíodo, na qualidade de autor da *Teogonia*, é posto à parte) procederem quase unicamente por alusão e não exporem de maneira didática as genealogias divinas ou os relatos aos quais eles se referem. No entanto, mesmo nessas condições, basta uma análise mais atenta para revelar diferenças ou contradições entre os autores, e por vezes em um mesmo autor. A unidade não é introduzida senão de maneira fictícia e secundária. Os mitos não nascem como um conjunto organizado, à maneira de um sistema filosófico, teológico ou científico. Eles brotam ao acaso, tal qual as plantas, cabendo ao mitólogo organizá-los em famílias, espécies e variedades.

Sobre um ponto aparentemente tão essencial quanto o nascimento de Zeus, o maior dos deuses, existem as mais diversas tradições. A mais conhecida situa o lugar de nascimento no alto do monte Ida, em Creta; porém, na mesma ilha, o monte Dicte reivindicava a mesma honra e, ao sul do Peloponeso, existia ainda, perto de Micenas, uma fonte chamada Clepsidra, ao lado da qual teria nascido a criança divina.

Todos esses santuários e todas essas diferentes lendas só se tornaram contraditórias no dia em que se tentou identificar o Zeus cretense, demônio do Ida ou do Dicte, e o Zeus miceniano[3] do monte Itome. A contradição não existe senão no âmbito de uma "mitologia" pan-helênica. Mas é evidente que a constituição de tal mitologia não é de nenhum modo primitiva, sendo já o resultado de uma reflexão sobre o mito.

Às vezes as dificuldades encontradas são mais delicadas de resolver, pois se devem ao fato de a lenda ter se desenvolvido em tempos e estágios sociais ou históricos diferentes. As genealogias dos Atrides[4] nos falam de senhores de Micenas, de senhores de Tirinto e de senhores de Argos, e muitas vezes é difícil distinguir entre esses reinos. Tudo se esclarece se pensarmos que o grande desenvolvimento de Tirinto e Micenas não é contemporâneo ao de Argos. Uma lenda local de Micenas que faz referência a um "rei" do país torna-se incompreensível num tempo em que a suserania não está mais em Micenas, mas em Argos. De modo espontâneo, o contador faz a transposição necessária, mas certos elementos tipicamente locais permanecem e engendram a confusão. É ainda o que acontece com toda uma série de lendas tessálias, que têm duplicatas no Peloponeso. Corônis, amada de Apolo e mãe do deus da medicina Asclépio, é tida normalmente como filha do Tessálio Flégias. Mas consta ao mesmo tempo que Flégias era na realidade um habitante de Epidaure, no Peloponeso, o que explica que o culto de Asclépio tenha florescido em Epidaure. Essas variantes refletem, na realidade, um tempo em que o mesmo povo ocupava um domínio que se estendia da Tessália[5] até Epidaure – ou, caso se prefira,

3. Micenianos: da antiga cidade grega de Micenas e regiões sob sua influência. (N.T.)

4. Atrides: descendentes de Atreu, filho de Hipodâmia e rei de Micenas. (N.T.)

5. Tessália: região da Grécia, na borda do mar Egeu. (N.T.)

que emigrara da Tessália para o Peloponeso, sendo que as duas hipóteses dão igualmente conta dos fatos – antes de submergir sob ondas de invasores que lhe tiraram o sentimento de unidade. Essa unidade ancestral só sobreviveu na comunidade das lendas e na nomenclatura dos lugares. A semelhança do Flégias epidáurio e do Flégias tessálio corresponde à semelhança das duas Lárissa, a cidade tessália e a cidadela de Argos.

Vê-se que o mito não é uma realidade independente, mas que evolui com as condições históricas e étnicas, às vezes conservando testemunhos imprevistos de situações que de outra forma seriam esquecidas. Desse modo, o mito se revela um meio de investigação precioso e, mesmo que não se acredite mais tão ingenuamente como há um século ou dois que a lenda seja *sempre* uma deformação da história, hoje sabemos interrogá-la e de alguma maneira fazê-la confessar o que guardou do tempo e do meio de onde surgiu. Os mitólogos modernos são mais sensíveis do que seus predecessores longínquos aos meios de expressão raros e reveladores. Eles desconfiam de mitos que se tornaram excessivamente perfeitos: sua coerência trai as alterações e o trabalho secundário de que foram objeto.

O trabalho sobre os mitos começou muito cedo, e o que captamos nos textos, no mais das vezes, não é senão o resultado de uma longa evolução. As "fontes" clássicas da mitologia incluem-se geralmente nesse caso. Já no século VI antes de nossa era, o milésio[6] Hecateu escreveu quatro livros de *Genealogias*, dos quais só chegaram até nós alguns fragmentos, mas cuja doutrina passou para as obras de seus sucessores. Ela domina as especulações dos primeiros historiadores, como Acusilaos de Argos e Pherecyde de Atenas, que coletaram lendas consideradas o "primeiro capítulo" da história nacional. É sem dúvida a Pherecyde que se deve a primeira elaboração dos mitos relativos às

6. Milésio: de Mileto, no litoral asiático do mar Egeu. (N.T.)

origens áticas e a constituição de uma lista "canônica" dos reis do país, na qual se unem intimamente velhos demônios da terra (como Erictônio e seu duplo Erecteu) e personagens provavelmente históricos. Mas ele não se limitou às tradições de seu país, e nós o vemos preocupado em conciliar entre si as lendas de Argos, que já eram, e com razão, tidas como fundamentais para o conhecimento da "Idade Média" grega. Pherecyde, a esse respeito, foi o precursor de um outro escritor cuja importância se revelou considerável, Hellanicos de Mitilene. Ele também se debruçou sobre as crônicas argianas, e sua *Cronologia das sacerdotisas de Hera* (a grande deusa de Argos) reuniu tradições sagradas muito preciosas, cuja maior parte infelizmente se perdeu. A Hellanicos cabe a honra de ter sido o primeiro a denominar a cidade de Roma, que ele considerava uma cidade grega, fundada depois da grande dispersão que se seguiu ao "retorno" dos vencedores de Troia. A tendência fundamental de todos esses trabalhos e coletâneas, entre o século VI e o final do século V antes da nossa era, é o desejo de fixar uma "cronologia" dos acontecimentos, tanto históricos quanto lendários. A distinção entre as duas ordens de fatos (distinção em certo sentido inteiramente moderna, além de frequentemente muito imprecisa, pois a lenda pode ser apenas uma interpretação da história, não existindo nenhum critério que permita estabelecer uma separação absoluta) ainda não foi entrevista. E a classificação dos acontecimentos continua sendo sobretudo temporal. Trata-se de determinar concomitâncias em relação a pontos fixos supostamente conhecidas, como, por exemplo, a tomada de Troia ou a fundação dos Jogos Olímpicos. O critério em geral adotado é o fornecido pelas "gerações", fazendo-se um esforço para incluir os acontecimentos e os personagens. Naturalmente, surgem dificuldades. As aventuras de Hércules, em especial, que se desenrolam em um universo que se imaginava vazio – a lenda, em sua forma mais antiga, desconhece qualquer encontro de Hércules[7] com outro herói importante –, levantam problemas de concordância particularmente delicados, pois a tradição dá nome aos filhos de Hércules e os mostra envolvidos em grandes empreendimentos coletivos ao mesmo tempo, por exemplo, que os filhos de Teseu. Como é possível que Teseu e o grande herói argiano[8] não tenham se encontrado? À engenhosidade grega jamais faltaram recursos, e a explicação é que a atividade de Teseu se desenvolveu durante o cativeiro de Hércules na Lídia, junto de Ônfale, e que, inversamente, durante toda a última parte da vida de Hércules, Teseu se encontrava nos Infernos, prisioneiro de Plutão. Assim, há episódios indispensáveis dentro das "biografias" lendárias. Esses episódios não são naturalmente primitivos; eles foram introduzidos para realizar as concordâncias cronológicas necessárias. Às vezes precisam gerações inteiras que têm que ser intercaladas para evitar sobrevidas e longevidades impossíveis. A avançadíssima idade de Nestor, um dos combatentes aqueus, diante de Troia explica-se unicamente pelo fato de Nestor figurar como comparsa no ciclo de Hércules. Criança no tempo em que o herói combatia Neleu e seus filhos, em Pilos[9] de Micenas, deve estar ainda vivo na ocasião da expedição aqueia: por isso lhe atribuem uma vida que dura três gerações de homens, o que, ao mesmo tempo, faz dele um ancião encanecido, sábio, escutado no conselho, sugerindo à imaginação uma imagem que se tornou tradicional. Sob esse aspecto, a cronologia foi criativa, e inesperadamente assiste-se ao nascimento de um episódio.

Com o começo da Idade Clássica, os grandes arcabouços das lendas se estabilizam, e as incoerências que

7. Hércules é o nome latino dado pelos antigos romanos ao herói grego Héracles. (N.E.)

8. Argiano: de Argos (filho de Zeus e Níobe, obteve em partilha a realeza sobre o Peloponeso, que ele chamou de Argos). (N.T.)

9. Pilos: antiga cidade-estado, situada no Peloponeso. (N.T.)

subsistem vão permanecer. Considera-se a *história* dos tempos lendários definitivamente incorporada, e a preocupação agora é conhecê-la. A partir do século III a.C., surgem "coleções" cujos resumos por vezes chegaram até nós sob o nome abusivamente empregado de seu primeiro autor. Por exemplo, Eratostene de Cirena escreveu, na segunda metade do século III a.C., um livro sobre *Transformações em astros* (*Catasterismoi*), no qual reuniu todos os exemplos conhecidos de histórias nas quais o herói ou a heroína eram, no final de suas vidas terrestres, colocados entre as constelações. Esse trabalho será continuado durante toda a Antiguidade, e assim teremos "manuais" de aventuras amorosas (o de Partênio de Niceia, contemporâneo de Virgílio, chegou até nós), coletâneas de *Metamorfoses*: o grego Nicandro, que escreveu no século II a.C., servirá de modelo direto para o longo poema que Ovídio publicará com esse título no tempo de Augusto. Mas os mitógrafos serão por vezes mais ambiciosos, e alguns se esforçarão para abraçar a totalidade das tradições lendárias. A mais importante tentativa dessa natureza é a obra conhecida sob o nome de *Biblioteca*, de Apolodoro. Apolodoro foi um gramático e "filólogo" ateniense do século II antes de nossa era que consagrou a vida a exegeses dos antigos poetas. A *Biblioteca* que possuímos com o seu nome não é obra dele, mas, provavelmente, um resumo que remonta ao século I de nossa era. Nela se encontra uma mitologia organizada, partindo da criação das coisas e dos deuses e depois descendo, por geração, até os últimos períodos da lenda, ou seja, aos tempos que se seguiram à tomada de Troia. A mitologia não é mais do que um "cadáver embalsamado", pura matéria de erudição cortada de suas fontes vivas.

Contudo, ao lado das grandes coletâneas canônicas, cujo objetivo, em essência, é introduzir uma unidade ilusória e mortal, nós encontramos outras fontes, trabalhos concebidos dentro de um espírito absolutamente oposto e muito mais conforme com as preocupações modernas.

O mais precioso para nós é a *Descrição da Grécia*, de Pausanias, que conservou a lembrança de um número considerável de lendas locais, excluídas das grandes sínteses, mas que constituem variantes raras e mantidas vivas no folclore. Infelizmente, a obra de Pausanias da forma como chegou até nós não cobre a totalidade dos países gregos e, em relação a certas regiões, nossa ignorância subsiste. Conseguimos superá-la na medida do possível graças a indicações esparsas reunidas pelos comentadores de poetas e contidas nas *scholies*, que são as notas filológicas acrescentadas por editores antigos às obras clássicas. Esse trabalho de erudição paciente foi exercido sobretudo a propósito dos poemas homéricos e continuou depois do fim do paganismo. Os sábios bizantinos Johannes e Isaac Tzetes nos legaram uma mina de fatos que remontam às vezes à alta Antiguidade.

Tal é, em seu conjunto, a mitologia grega: matéria de origens muito diversas, fragmentos frequentemente mal articulados de sínteses fictícias que o lento trabalho dos sábios, dos escritores e dos poetas acrescentou e subtraiu ao sabor de seus caprichos, mas nos quais às vezes ainda se distinguem os dados primitivos da imaginação e da devoção popular. O erudito e o espontâneo, o vivo e o artificial estão intimamente misturados. Que se honre a ciência moderna por ter empreendido uma análise que mesmo longe de concluída já permite que se compreenda melhor o verdadeiro significado e o alcance de um modo de pensamento essencial ao espírito humano.

Se agora considerarmos a mitologia "clássica" não mais na sua formação e sua evolução, mas como um conjunto fixado sob uma forma "canônica", vamos constatar que nem todos os mitos que ela propõe têm o mesmo alcance ou a mesma forma. Uns são relatos a respeito da formação do mundo e do "nascimento" dos deuses. É a eles, e somente a eles, que conviria reservar o termo mito no seu sentido mais estrito. Nós os designaremos aqui sob o nome de "mitos teogônicos" ou "cosmogônicos", dependendo do caso. Esses relatos foram reunidos sobretudo por Hesíodo, mas eles são bem anteriores e representam aportes tanto puramente gregos quanto provenientes de religiões orientais, até mesmo pré-helênicas. Seria errôneo, contudo, considerá-los como dados primitivos. São, em sua maioria, concepções muito evoluídas que se formaram dentro dos meios sacerdotais e pouco a pouco foram enriquecidas com elementos filosóficos sob a forma de símbolos mal dissimulados. Esses mitos não deixaram de viver mesmo em plena época clássica e além dela. Continuaram servindo de suporte às crenças religiosas e, como será visto, as religiões de salvação os integrarão aos seus mistérios.

Ao lado dos mitos propriamente ditos, há os "ciclos" divinos e heroicos. Esses ciclos constituem séries de episódios ou histórias cuja única unidade é fornecida pela identidade do personagem que corresponde ao herói. Diferentemente dos "mitos", esses relatos não possuem nenhum significado cósmico. Quando Hércules sustenta o céu sobre os ombros, está provando com isso apenas sua força física. Tanto o céu quanto o universo não estão "marcados" para sempre. Pouco importa que o herói desses relatos seja um deus (Hermes, Afrodite, o próprio Zeus) ou um mortal semidivinizado. Assim, nem toda lenda relativa a uma divindade é provida de um alcance teológico. Hermes rouba bois e puxa-os pela cauda para evitar que as pegadas revelem o esconderijo onde os coloca. Trata-se de um tema folclórico bem conhecido que não apresenta nenhum significado religioso particular.

O caráter essencial do ciclo é seu fracionamento. O ciclo definitivamente não nasce formado; ele é o resultado de uma longa evolução, ao longo da qual episódios independentes em sua origem se justapõem desordenadamente e se integram em um todo. É o caso, por exemplo, das aventuras de Hércules, que durante muito tempo não tiveram nenhuma ligação recíproca. Cada um dos grandes "trabalhos” está ligado a um local ou a um santuário; sequer é certo que o herói tenha sido, originalmente, o próprio Hércules. É provável que este tenha confiscado em seu proveito episódios preexistentes. O leão morto por Alcátoo, a serviço do rei Megara, lembra estranhamente o de Citeron, do qual Hércules livrou o rei Téspio. O procedimento é evidente para as extensões ocidentais mais recentes do ciclo herculano: os viajantes gregos, depois romanos, *reconheceram* Hércules nos países italianos, gauleses e até no limiar da Germânia. Assim, o jogo das assimilações com divindades indígenas terminou integrando ao ciclo elementos que, na origem, eram-lhe estranhos. E o próprio grego Hércules tem, desse modo, características que pertencem aos semitas (ou semitizados) Gilgamesh[10] e Melquart[11] e a outros ainda cuja lembrança hoje se perdeu.

O terceiro tipo de relato lendário é às vezes designado pelo nome de “novela”. Como o precedente, situa-se em locais determinados; assim como ele, não tem valor cósmico ou simbólico, mas, enquanto o ciclo é concentrado em torno de uma só figura, a unidade da “novela” é puramente literária e se define pela intriga. Assim, a guerra de Troia não é nem um ciclo de Helena nem um ciclo de Aquiles, tampouco um ciclo dos Priâmidas. Ela é a história de uma longa aventura, com episódios complexos e personagens diversos. O poema homérico conhecido pelo nome de *Ilíada* não desenvolve dela senão uma pequena parte, a que é centrada em torno da ira de Aquiles; o resto só é mencionado por alusão: os dez anos de cerco, a pilhagem das cidades asiáticas, a expedição que falhou na primeira vez, o desembarque infeliz na Mísia[12], a nova

10. Gilgamesh: rei sumério da cidade-estado de Uruk que teria vivido no século XXVIII a.C. (N.T.)

11. Melquart: deus fenício, durante a dominação grega seu templo principal passou a ser devotado a Hércules. (N.T.)

12. Mísia: antigo país da Ásia Menor, atual Turquia, onde os gregos fundaram suas colônias. (N.T.)

expedição, os ventos que se recusaram a soprar e a necessidade de conciliação pelo sacrifício de uma virgem, e, depois da morte de Heitor, de Aquiles, de Páris, a tomada da cidade a luta dos presságios e dos adivinhos. Tudo isso ultrapassa infinitamente o âmbito da obra literária. Não é sequer certo que cada um desses episódios tenha sido objeto de rapsódias distintas. A "guerra de Troia" é um tema livre, ao qual se acrescentam todos os prolongamentos, todos os prosseguimentos que a plena fantasia deseja. Está-se no meio do caminho entre a lenda e a criação literária. Contudo, subsiste uma diferença essencial entre a novela lendária e a ficção de um romancista ou de um poeta: houve um momento em que a aventura de Helena foi tida como verdadeira. Os heróis de romance nunca receberam um culto. Mas Helena, nós sabemos, é uma divindade "caída", divindade lunar ligada, provavelmente, à religião das populações pré-helênicas do Peloponeso. Existiram um "túmulo de Helena", um "túmulo de Menelau", um "túmulo de Aquiles", onde, um dia, Alexandre teria oferecido sacrifícios. Aos olhos dos gregos, tudo isso é história verdadeira, mesmo que a imaginação dos poetas tenha acrescentado ornamentos literários. Os heróis das novelas lendárias podem se prestar a todas as fantasias; entretanto, eles jamais se identificam com elas, por mais genial, por maior que seja a obra que as utilize.

Enfim, mesmo indo ainda mais longe na análise, o que encontramos não são mais conjuntos lendários, mas simples relatos "elementares", histórias etiológicas[13], ou seja, destinadas a explicar algum detalhe surpreendente do real: uma anomalia em um ritual religioso, um costume, a forma singular de um rochedo, a consonância de um nome próprio. Assim, no exemplo de Chipre, havia uma estátua de mulher curvada para a frente – testemunha de um rito esquecido, representação de alguma magia voltada à fecundidade. Dizia-se, para explicar a atitude insólita

13. Etiologia: estudo das causa e das origens. (N.T.)

da estátua, que era o corpo metamorfoseado em pedra de uma moça curiosa surpreendida pelos deuses no ato de olhar pela janela; e sobre esse tema desenvolveu-se uma história de amor. Tal é a lenda de Anaxárete, cuja crueldade causara a morte do homem que a amava e que não experimentou outro sentimento senão o desejo de ver passar pela janela o cortejo fúnebre de sua vítima. Coração de pedra, Anaxárete se tornou estátua e seu corpo foi posto, assim imortalizado, dentro do templo de Afrodite.

Muitos relatos análogos dizem respeito a nomes de lugares e baseiam-se em jogos etimológicos. À imaginação popular nunca faltou inventividade para explicá-los. As variações nos nomes dos rios – fenômeno bem conhecido dos geógrafos, cada curso d'água apresentando diversas denominações, segundo as populações instaladas sobre as margens – fornecem, em especial, matéria inesgotável. E dá-se o mesmo com o desenho das constelações ou com o curso de um planeta, onde se discernem atrações ou ódios que têm origem em uma aventura acontecida no passado com seres transformados desde então em estrelas.

A matéria mítica pode, pois, ser classificada em um certo número de categorias, o que torna a análise muito mais confortável. Contudo, não nos deixemos enganar com semelhantes classificações de fronteiras incertas. O mito cosmogônico pode se *degradar* em ciclo ou em novela; a lenda etiológica integra-se em um ou outro caso com extrema facilidade. Uma mesma lenda pode, segundo a fantasia ou as exigências espirituais de cada um, adquirir o caráter de um romance ou de uma revelação mística. Essa plasticidade do mito é inerente à sua natureza: ela não é uma característica adquirida tardiamente, mas uma propriedade fundamental do μυθοζ, ativa desde o período mais distante da história das lendas.

Como para todos os seres vivos, as dissecações anatômicas nos lembram que a realidade derradeira da mitologia reside não em seus membros esparsos, mas em um organismo de pulsações e metamorfoses incessantes.

Capítulo II

Os grandes mitos teogônicos

Todos os povos, em um momento de sua história, sentiram necessidade de explicar o mundo. Os gregos, em busca como tantos outros de um princípio motor no cerne do Ser, acreditaram descobri-lo no Amor. No começo, havia a Noite (*Nyx*) e, ao lado dela, o Érebo, que é seu irmão. São os dois rostos das Trevas do Mundo: Noite – do alto – e escuridão – dos Infernos. Essas duas entidades coexistem no seio do Caos, que é o Vazio – não o vazio inexistente e negativo dos físicos e dos sábios, mas um vazio que é inteiramente potência e "matriz" do mundo, vazio por inorganização, e não por privação, vazio porque é indescritível, e não porque não é nada. Pouco a pouco, Nyx e Érebo se separam no Vazio. Érebo desce e libera a Noite, que dá a si mesma uma forma côncava, tornando-se uma esfera imensa cujas duas metades se separam à maneira de um ovo que se abre: é o nascimento de Eros (o Amor), enquanto uma metade da concha se torna a abóbada do Céu e a outra, o disco, mais achatado, da Terra. O Céu e a Terra (*Urano* e *Geia*) possuem uma realidade material. O Amor é uma força de natureza espiritual, e é ele que assegura a coesão do universo nascente. Urano se inclina na direção de Geia, e a união dos dois dá início às gerações divinas.

Existem outras versões dessa lenda. Às vezes se dizia que a Terra tinha saído diretamente do Vazio e que ela engendrara a si mesma, ajudada somente por Eros, o segundo a nascer no Mundo, a abóbada do Céu. Por outro lado, o Caos engendrara a Noite, que, por sua vez, ensejara o nascimento do Éter, que é a luz brilhante, o fogo mais puro, e do Dia, que ilumina os Mortais. Mas, seja qual for a variante, é sempre Eros o animador e o elemento motor do Universo em seu princípio.

A união de Urano e Geia se revela fecunda. Dela saem, em primeiro lugar, seis casais formados por Titãs e por Titânidas. Os seis Titãs foram Oceano, Ceos, Crio, Hiperião, Jápeto e Crono, e as seis Titânidas, Teia, Reia, Têmis, Mnemosina, Febe e Tétis. São seres divinos, mas ao mesmo tempo forças elementares, sendo que alguns conservaram até o final seu caráter quase exclusivamente naturalista. Oceano é o mais célebre de todos. Ele é a personificação da água que cerca o Mundo, sobre a qual flutua o disco terrestre. Não é uma entidade "geográfica", é uma força cósmica; foi concebido em um tempo em que se pensava que a terra habitada era uma ilha imensa, pousada no centro de um rio que a circundava. Uma água primordial em que se tinha a impressão de estar no Ocidente, no país vermelho das Filhas da Noite, situado além do que depois será chamado de Colunas de Hércules; também estava no país dos etíopes, no mar Eritreu, que tanto podia ser nosso Mar Vermelho como o golfo Pérsico. Também estava nos lados do Norte, nos confins do Erídano, sinuosa linha d'água que, no norte dos países conhecidos da Europa, ia do Oriente ao Ocidente, e onde as gerações posteriores quiseram reconhecer o curso do Danúbio, do Pó, do Reno e talvez do Ródano. Mas, antes dessas determinações geográficas incertas, o Oceano existia. Água primordial, ele é o pai dos rios, que são alimentados por ele graças a canais subterrâneos ou derivados dele de maneira misteriosa, como o Nilo, cujo segredo está escondido no fundo das areias da Etiópia. Primeiro a nascer dos Titãs, Oceano é "casado" com Tétis, a mais jovem das Titânidas, que personifica o poder feminino do Mar. Que ninguém se surpreenda ao ver um duplo símbolo do Mar: toda fecundidade é dupla. Só uma potência fêmea pode amadurecer e pretender ser a semente do macho. Tétis mora longe, na direção oeste; às vezes ela se desentende com Oceano, mas chega o tempo da reconciliação e a ordem do mundo é salva, a despeito dos caprichos inerentes à natureza das mulheres.

Ao lado da Água primordial, eis o Fogo astral: Hiperião (cujo nome significa: Aquele que vai acima) une-se a Teia, a Divina, e lhe dá três filhos, *Hélio*, o Sol, e duas filhas, *Selene*, a Lua, e *Éos*, que é a Aurora. Em seguida Hiperião e Teia desaparecem da lenda depois de, de alguma maneira, estabelecerem a ligação entre as gerações divinas. Já Crio vai buscar mulher fora das Titânidas, e o encontraremos na posteridade de Ponto. Seu irmão Ceos une-se a Febe, a Brilhante, e será o pai de Leto, que desempenhou um papel muito importante na geração dos Olímpicos. Jápeto, rompendo com a tradição que designava uma Titânida para casamento, casou-se com Clímene, uma das filhas de Oceano e Tétis, e seus quatro filhos, Atlas, Menécio, Prometeu e Epimeteu, serão os intermediários entre os deuses e os homens. É a Jápeto que remonta indiretamente a criação dos Mortais.

Dentre as Titânidas, duas sobretudo, Têmis e Mnemosina, merecem atenção. A primeira é o poder por excelência da Ordem do Mundo: Têmis é a Lei, o equilíbrio eterno. Sua irmã Mnemosina é o poder do Espírito, a Memória que garante a vitória do espírito sobre a matéria instantânea e é a base de toda a inteligência. Elas não se uniram aos Titãs, mas foram de alguma maneira reservadas para Zeus e a geração dos Olímpicos. Isso porque os Titãs são forças brutais, elementares, nas quais o espiritual ainda não foi incorporado, a não ser em estado rudimentar. É singular e significativo que as duas potências nas quais se prefigura o espírito sejam de natureza feminina – talvez porque o espírito recuse a violência e adie qualquer ação imediata; talvez por ele ser de lenta maturação; talvez simplesmente porque se observe nessas crenças o reflexo de um estado social – bem conhecido em outros lugares – no qual as mulheres são depositárias dos segredos e da ciência comuns à tribo.

De todos os Titãs, o mais importante para o desenrolar do mundo foi Crono, o mais jovem, aquele que engendrou os Olímpicos.

A união de Urano e Geia não limitou seus frutos aos Titãs e às Titânidas. Depois deles vieram os Ciclopes: Argeu, Estérope e Bronteu, que representam evidentemente (como provam seus nomes) o clarão do relâmpago, a névoa da tempestade e o estampido do trovão. Depois nasceram os Monstros dos Cem Braços (os Hecatônqueros), gigantescos e violentos, que se chamavam Coto, Briareu e Gies. Urano odiava todos esses filhos, não lhes permitindo ver a luz e obrigando-os a permanecer enterrados nas profundezas da Terra. Geia quis libertá-los e tentou conspirar com eles contra Urano. Nenhum concordou, exceto o mais jovem dos Titãs, Crono, que odiava o pai. Então Geia lhe confiou uma foice de aço muito afiada e, numa noite, quando Urano se aproximou de Geia e a envolveu completamente em um abraço, Crono, com um golpe da foice, cortou os testículos do pai e atirou-os ao longe. O sangue da ferida caiu sobre a Terra e, mais uma vez, fecundou-a. Foi assim que nasceram novos monstros, as Erínias, os Gigantes e as Melíades, que são as Ninfas dos freixos.

Crono, portanto, ficou sozinho a reinar sobre um universo cujos primeiros delineamentos se tornavam visíveis. Mas ele era violento e carregava a maldição de seu crime. Longe de libertar seus irmãos monstruosos, apressou-se, depois de tirá-los do seio da mãe, a mergulhá-los de novo nas trevas infernais, no fundo do Tártaro. O que indispôs Geia contra ele. E como ela vaticinara que um dia ele seria destronado por um de seus filhos, ele tratava de devorar cada filho que lhe dava a titânida Reia, que ele fizera sua mulher. Foi assim que ele engendrou e, sucessivamente, fez desaparecer três filhas: Héstia, Deméter e Hera, e dois filhos, Hades e Posídon. Mas quando o mais jovem dos filhos, o pequeno Zeus, estava prestes a nascer,

Reia quis lhe evitar a sorte dos irmãos e fugiu. Com a cumplicidade de Geia, foi buscar asilo em Creta, onde foi libertada. Então Reia pegou uma pedra, embrulhou-a em panos, dando-lhe o aspecto de uma criança recém-nascida, e a ofereceu a Crono. Enganado pela aparência, ele devorou a coisa que pensou se tratar do filho, e assim Zeus foi salvo. O oráculo de Geia iria mais tarde se consumar.

Reia protegeu a infância do pequeno deus mantendo-o escondido dentro de uma caverna de Creta, onde o confiou às Ninfas e aos Curetes. Os Curetes eram demônios turbulentos que tinham inventado o uso de armas de bronze e que passavam o tempo dançando e entrechocando lanças e escudos. Reia achava que a barulheira que eles produziam seria capaz de abafar os vagidos do bebê, impedindo Crono de descobrir o embuste de que tinha sido vítima. A criança divina bebeu o leite da cabra Amalteia e comeu o mel que as abelhas de Ida destilaram especialmente para ele. Quando a cabra nutridora morreu, Zeus guardou sua pele e com ela fabricou para si uma couraça, a *égide* (ou a "pele de cabra"), que ele agita no céu de tempestade.

Uma vez adulto, Zeus sonha em destronar seu pai. Consegue, com um estratagema, fazer Crono engolir uma droga que o obriga a devolver os filhos que devorou. Zeus, depois de reencontrar os irmãos, declara guerra a Crono. Os Titãs tomam o partido do irmão. A guerra dura dez anos, até o dia em que Geia revela a Zeus que ele obterá a vitória se chamar para o seu lado os monstros que Crono encerrou no Tártaro. É assim que, com a ajuda dos Ciclopes, dos Hecatônqueros e dos Gigantes, os filhos de Crono conseguem destronar o pai. Crono e os Titãs, acorrentados, foram substituir no Tártaro os outros filhos de Urano. Assim se deu a Titanomaquia, ou Guerra dos Titãs, que expulsou do poder a geração primordial e lá instalou os primeiros Olímpicos.

Vê-se que o essencial das lendas teogônicas consiste em uma série de "substituições", uma geração sucedendo pela violência a que a precedeu no poder sobre o mundo. E constata-se que, por duas vezes, é o mais jovem dos deuses, o que nasce por último em cada geração, que conquista a preeminência: Crono, o caçula dos Titãs; Zeus, o caçula dos "Cronidas". Em geral se admite ver aí o traço de um estado social no qual a sucessão pertence ao mais jovem dos filhos; mas nenhuma cidade helênica fornece exemplo atestado no plano da história, e é muito provável que o esquema sucessório sobre o qual foram construídos esses mitos provenha de um país não-helênico. O caráter claramente astral do mito de Urano e a mutilação fecundante infligida por Crono ao pai sugerem, ao menos nesses episódios, origens asiáticas; mitos análogos, conhecidos através dos textos hititas[14] de Hattusa, na Anatólia Central, são encontrados da Cilícia até a Síria, e se sabe que elos estreitos sempre uniram essas regiões da bacia do Egeu. Parece, pois, que os mitos propriamente "gregos" não começam senão com o advento de Zeus, mas – consequência talvez mais importante – conclui-se também que essa dupla sucessão de gerações divinas não representa necessariamente, como às vezes se acredita, a lembrança da substituição de crenças preexistentes por uma religião vencedora. Talvez possa ser verdade no caso de Zeus vitorioso sobre Crono; mas não poderia sê-lo no caso de Crono "assassino" de Urano. A mutilação de Urano é um ritual de fecundidade, através do qual Crono "libera" as fontes da vida cósmica, e foi em torno desse rito, real ou simbolizado pela imagem, que se desenvolveu o mito. É diferente no caso da ascensão ao poder dos Olímpicos.

As divindades substituídas por Zeus e seus irmãos parecem, em uma certa medida, representar um sistema religioso anterior à descida na Grécia dos conquistadores

14. Hititas: povo da Antiguidade que habitou a Ásia Menor em cerca de 1900 a.C. (N.T.)

"arianos". Essas divindades não foram suprimidas; elas continuaram a viver nas lendas e mesmo, ao menos em alguns lugares, a receber um culto. Mas tornam-se potências secundárias, decaídas, cujo caráter monstruoso repugna o pensamento grego. Muitos sugerem associações com o mar. É bem provável que os Hecatônqueros, por exemplo, os Gigantes de Cem Braços, sejam apenas a transposição mítica dos polvos que aparecem tão frequentemente na mais antiga cerâmica do Egeu. Mas não é só isso. Já chamamos a atenção para a importância de Oceano entre os filhos de Urano e Geia. Uma série de lendas paralelas, mais ou menos bem articuladas com a genealogia "canônica", nos faz conhecer um outro filho da Terra, nascido sem intervenção de nenhuma potência masculina, chamado de Ponto, o Fluxo marinho. Geia se une a ele e lhe dá grande posteridade, que inclui justamente um grande número de demônios secundários nos quais parece legítimo reconhecer divindades anteriores à chegada dos primeiros helenos. São todas próximas das forças e dos fenômenos da Natureza, o que em geral não é o caso em relação aos Olímpicos. Todas, ou quase todas, são seres monstruosos, de forma dupla, que aparecem como personagens nos mitos mais recentes.

O primogênito de Ponto e Geia foi o "Velho do Mar", Nereu. Unido a Doris, uma das filhas de Oceano, engendrou as Nereidas, "filhas das ondas". Nereu é velho; é sábio e conhece todos os segredos e todas as profecias. Mas lhe repugna falar delas e, para escapar dos indiscretos, usa voluntariamente o poder que tem de se metamorfosear. A figura de Nereu lembra a de Proteu, que a *Odisseia* já nos apresentou, que é um demônio do mar situado nas águas egípcias. Na época grega clássica, Proteu é apenas um servidor de Posídon encarregado de cuidar dos rebanhos de focas pertencentes ao grande deus.

O segundo filho de Ponto é Taumas, que se casou com Electra, uma outra filha de Oceano, e lhe deu filhas:

Iris, a mensageira dos deuses, personificação do arco-íris, e as Harpias, chamadas Elo e Ocítoe (a Borrasca e a Voa-ligeiro), às quais se acrescenta às vezes uma terceira, Celeno (a Escuridão). São os gênios da Tempestade, impetuosos como a chuva rápida que se abate sobre o mar e arranca tudo na sua passagem. As Harpias são essencialmente Furtadoras. Mulheres aladas, possuem garras afiadas, e sua morada situa-se no coração do Mar Jônico, nas ilhas Estrófades.

O terceiro filho de Ponto é Fórcis, que mora na região de Cefalênia, na costa ocidental da Grécia. A ele remontam as Greias, que são as Velhas do Mar, chamadas Enio, Pefredo e Dino. Elas viviam no Extremo-Ocidente, no país onde o sol nunca brilhava. Eram irmãs das três Górgonas, Esteno, Euríale e Medusa, sendo que apenas a última era mortal. As Górgonas tinham um aspecto pavoroso. Suas cabeças eram envolvidas por serpentes, armadas de grossas presas, parecidas com as de javalis; suas mãos eram de bronze; asas de ouro lhes permitiam voar. Seus olhos faiscavam, e deles saía um olhar tão penetrante que quem o visse se transformava em pedra. Objeto de horror, elas tinham sido relegadas aos limites do mundo, no meio da noite, e ninguém era suficientemente ousado para abordá-las. Sozinho, Posídon se unira a Medusa e a engravidara. Os filhos dessa união foram Pégaso, o Cavalo Alado, e Crisaor, o Ser da Espada de Ouro que, por sua vez, foi pai de Gerião, o gigante de três corpos que matará Hércules, e da Víbora, Equidna. Equidna mais tarde iria se unir ao mais horrível dos monstros, Tífon, que durante um tempo ameaçou suplantar o próprio Zeus; ela lhe deu filhos: o Cão monstruoso Ortro, o Cão dos Infernos, Cérbero, a Hidra de Lerna e a Quimera, que foi inimiga de Belerofonte. De Ortro e de Equidna nasceram a Esfinge de Tebas e o Leão de Nemeia. E assim a imaginação grega dava uma descendência aos seres de pesadelo sobre os quais Hércules iria triunfar.

O último filho de Ponto foi uma mulher, Euríbia. Ela se casou com o Titã Crio e sua posteridade foi astral. Seu filho mais velho, Astreu, se casou com a Aurora (*Éos*), que lhe deu como filhos os Ventos, a Estrela da Manhã (*Eósforos*) e finalmente todos os Astros. Seu segundo filho foi o gigante Palas, marido da Esfinge. Ele só engendrou potências simbólicas: Ciúme, Vitória, Potência e Violência. Mas o terceiro filho de Crio e Euríbia, unido a Astéria, filha de Céos e Febe, tornou-se pai da deusa infernal, Hécate, que tinha três formas.

A geração pré-olímpica – ou seja, todas as divindades que não se conectam diretamente a Crono, mas são oriundas dos Titãs e das outras uniões de Geia – compreende, portanto, todos os monstros que a lenda conhece e que vão desempenhar um papel nos ciclos divinos e heroicos, bem como nas "novelas". Mas compreende sobretudo divindades puramente "naturalistas": o Sol, a Lua, a Aurora, os Astros, os Ventos e os gênios de fenômenos naturais, como a Tempestade e a Borrasca. É, com efeito, a essa geração primordial que pertencem os Ciclopes, filhos de Urano, que é preciso distinguir cuidadosamente dos Ciclopes construtores, que são uma população mítica vinda da Lícia para se pôr a serviço dos reis de Argos e a quem se atribuíam as construções aparentemente sobre-humanas, feitas de blocos enormes, ainda visíveis em Micenas e Tirinto. Os Ciclopes "uranianos", por sua vez, são apenas três: Bronteu, Estérope e Argeu, e mencionamos sua relação evidente com a Borrasca. Como Zeus era também um deus do céu, colocou-os mais tarde a seu serviço, e eles serão encarregados de "forjar" os relâmpagos. Uma tradição chega a propor que foram eles que deram ao recém-chegado as armas que não possuía até então. Aos poucos, os Ciclopes serão considerados fabricantes de armas divinas: o arco de Apolo, a couraça de Atena etc., que eles confeccionam sob a direção de Hefesto, o deus-ferreiro da geração nova. Mas é provável que se trate de imaginações tardias, não datando senão da época alexandrina. Por enquanto, sua atividade se desenvolve sob os vulcões sicilianos; é o fogo de suas forjas que ilumina, à noite, o cume do Stromboli ou do Etna, e o rugido de seus foles e o martelar de suas bigornas retumbam por toda a região. No entanto, lendas mais antigas explicam de outra maneira os fenômenos vulcânicos. Elas atribuem as manifestações aos Gigantes mergulhados sob a terra, depois de sua revolta contra Zeus e no final da Gigantomaquia[15].

A vitória de Zeus não deixa Geia satisfeita, assim como não ficara satisfeita depois da vitória de Crono. Ela estava descontente com o tratamento infligido pelo vencedor aos Titãs, que eram seus filhos, e queria libertá-los de sua prisão. Para isso recorreu aos Gigantes, que tinham nascido dela própria e do sangue de Urano. Os Gigantes, por sua vez, não eram imortais e só podiam ser mortos pelos golpes de um deus junto com os de um mortal. Eles eram seres enormes, tinham uma força invencível e grande audácia. Possuíam cabeleira e barba hirsutas, e suas pernas eram serpentes. Indica-se como seu local de nascimento a quase ilha trácia de Palene. Mal saíram da terra, começaram a sacudir árvores incendiadas e a apedrejar o céu a golpes de rochedo. Foi então que intervieram os Olímpicos. Zeus se armou com o raio, Atena apanhou a égide e a lança, Dionísio brandiu o tirso, um longo bastão adornado com uma pinha e enfeitado com hera e guirlandas. Em suma, cada divindade interveio com sua arma favorita. E como era necessário que um mortal ajudasse os deuses na luta, recorreu-se a Hércules. A intervenção de Hércules foi singular. Ela é totalmente contrária à cronologia, uma vez que o nascimento de Hércules é bem posterior à criação dos homens e ao dilúvio de Deucalião, que marcou o final da primeira geração mortal. Ela trai sem dúvida o caráter artificial e recente da Gigantomaquia, a

15. Gigantomaquia: combate mitológico dos gigantes contra os deuses. (N.T.)

menos que se queira considerar que esse Hércules seja ainda apenas o protótipo do herói de que a lenda posterior irá se apoderar. Seja como for, estava começando a luta entre os deuses e os Gigantes. Hércules intervém sobretudo com suas flechas, que atingem os Gigantes no momento em que um deus os abate. Os Gigantes se dispersam e o mundo inteiro fica coalhado de escombros e projéteis. Foi assim que Encélado foi esmagado pela Sicília, sob a qual encerrou-o a deusa Atena. A ilha de Nisiros, lançada por Posídon, esmagou Polibotes. O folclore não teve nenhuma dificuldade em atribuir a esse episódio da lenda uma quantidade de detalhes topográficos; um pouco como no Monte Saint-Michel e noutros lugares se evoca Gargantua a propósito da forma de uma montanha ou uma ilhota.

Zeus, antes de conquistar o poder sem contestação, ainda tinha que passar por uma prova, a luta contra Tífon (ou Tifeu). Segundo as versões, Tífon era um filho de Hera, engendrado pela deusa sem a participação de nenhum ser masculino, ou então era um outro filho da Terra, que ela tivera com Tártaro. Tífon era maior do que os Gigantes e sua cabeça batia frequentemente nas estrelas. Em vez de dedos, ele possuía nas mãos cem cabeças de dragão. Da cintura até os pés, seu corpo era envolto em víboras. Era alado e seus olhos lançavam chamas. Quando os deuses viram aquele monstro atacar o Céu, fugiram para o Egito e se esconderam no deserto, onde adquiriram formas animais. Apolo se tornou um milhafre, Hermes, um íbis, Ares, um peixe, Dionísio, um bode, Hefesto, um boi etc. Explica-se, assim, o culto rendido pelos egípcios a divindades simbolizadas por animais. Contudo, Zeus e Atena continuavam sozinhos diante de Tífon. Zeus e Tífon empreenderam um combate corpo a corpo nos confins do Egito e da Arábia Pétrea; Tífon venceu e se apoderou da *harpè* (a "foice") da qual o deus estava armado. Ele cortou os tendões dos braços e das pernas de Zeus, carregou seu corpo agora inerte sobre os ombros e o encerrou em uma caverna da Cilícia; além disso, escondeu os "nervos" de Zeus dentro de uma pele de urso e a confiou a um dragão. Mas Hermes e o deus Pã conseguiram descobrir os tendões e colocá-los no lugar, sem que Tífon soubesse. E assim Zeus recuperou o vigor e o combate foi retomado. Ele durou muito tempo, e seus episódios se desenrolaram no mundo inteiro até o momento em que Zeus esmagou o adversário sob o Etna, na Sicília, e o reduziu à impotência.

Tífon foi o último adversário de Zeus. Os feitos dos dois Alóades, dois gigantes filhos de Posídon que empilharam montanha sobre montanha para escalar o Olimpo e desafiaram com seu amor Artemis e Hera, não constituíram um perigo real para o equilíbrio do mundo. Bastou a Zeus lançar alguns raios para precipitá-los nos Infernos. De agora em diante, a autoridade do Senhor dos Deuses permanecerá incontestada. A idade dos monstros foi concluída. Os que o mundo conhecerá depois serão os descendentes um tanto degenerados dos seres primordiais, filhos da Terra. Só serão temíveis para os humanos, e é a Hércules que Zeus confiará a tarefa de abatê-los.

Restava, no universo, explicar a presença dos Homens. Sua criação não é atribuída à linhagem de Crono, mas à descendência de um outro Titã, Jápeto, e de sua mulher, a Oceânida Clímene. Jápeto teve quatro filhos, Atlas, Menécio, Prometeu e Epimeteu. Os dois primeiros são gigantes brutais e "sem moderação". Atlas engendrou demônios astrais e a ele remontam as duas constelações das Híades e das Plêiades[16]. Depois da Gigantomaquia da qual participou contra os deuses, foi-lhe imposto um castigo severo: recebeu a missão de sustentar sobre os ombros a abóbada do Céu, no local onde ela se inclina na direção do Oceano, nos confins ocidentais do mundo. Perseu, retornando depois de matar a Górgona Medusa, transformou-o em pedra ao lhe mostrar o rosto do monstro. Atlas tornou-se

16. As Plêiades eram as sete filhas do titã Atlas e da ninfa Pleione que foram transformadas em constelação por Zeus para escapar das perseguições do caçador Órion. (N.E.)

a montanha que limita a terra habitada ao sul das Colunas de Hércules e marca o começo do grande Oceano.

Dos quatro filhos de Jápeto, diz-se às vezes que foi Prometeu quem criou os Mortais, dando-lhes forma com terra argilosa. Na verdade, essa tradição não é universalmente admitida. Na *Teogonia* de Hesíodo, Prometeu ainda é considerado apenas o benfeitor dos homens que, por eles, dispôs-se a enganar Zeus diversas vezes. A primeira vez foi durante um sacrifício solene. Ele dividiu um boi em duas partes: de um lado, sob a pele, a carne e as entranhas cobertas pelo ventre do animal; do outro, os ossos, dissimulados sob uma bela camada de gordura branca, depois da pele toda retirada. Em seguida pediu que Zeus escolhesse sua parte; o resto caberia aos homens. Zeus escolheu a gordura branca, mas quando percebeu que ela escondia apenas ossos, foi tomado por um grande furor contra Prometeu e também contra os Mortais. Para puni-los, recusou-se a lhes enviar o fogo. Então Prometeu subiu ao céu e roubou sementes de fogo "da roda do sol", para depois trazê-las para a terra disfarçadas dentro de um caule oco. Desta vez a vingança de Zeus foi exemplar. Prometeu foi acorrentado sobre o Cáucaso com correntes de aço, e uma águia, nascida de Equidna, a Víbora monstruosa, devorou-lhe o fígado, que tornava a nascer. O suplício durou até o dia em que Hércules, com uma flecha, abateu a águia e soltou o gigante de seus grilhões. Mas como Zeus jurara pelo Estige que Prometeu permaneceria eternamente preso à montanha, decidiu-se que o juramento seria mantido se o gigante, libertado, usasse um anel de aço no qual estaria incrustado um pedaço do rochedo. A punição dos Mortais foi mais severa ainda, pois ela permaneceu sem remédio. Zeus pediu a Hefesto e à deusa Atena que criassem um ser ainda desconhecido, que cada um dos deuses ornaria com uma qualidade. Esse ser foi a Mulher que, por ter recebido tantos dons, foi chamada de Pandora (aquela que tem todos os dons). Ela possuía a beleza, a graça, a habilidade manual, a persuasão, mas Hermes também colocou em seu coração a mentira e a perfídia. Conta-se que Zeus a deu de presente a Epimeteu, o irmão de Prometeu, e que ele, esquecendo o conselho do irmão de não receber nenhum presente de Zeus, foi seduzido por sua beleza e a aceitou. Mas havia em algum lugar da terra uma jarra dentro da qual estavam colocados todos os males. Uma tampa impedia seu conteúdo de escapar. Mal chegada à Terra, Pandora, consumida pela curiosidade, destampou a jarra. E então todos os males escaparam e se espalharam entre os Mortais. Mas Pandora, assustada, tornou a tampar a jarra e somente a Esperança, que se encontrava no fundo, continuou prisioneira.

Uma outra versão propõe que a jarra, dada por Zeus a Pandora como presente de núpcias, conteria todos os bens, mas a imprudente os deixou escapar e retornar para a morada dos deuses. Tanto num quanto noutro caso, a Esperança é a pobre consolação concedida aos humanos.

Mesmo as tradições que não reconhecem em Prometeu o mérito de ter criado os homens ligam sua raça à raça dos Mortais. Prometeu tinha um filho, Deucalião, que se casou com Pirra, filha de Epimeteu e Pandora. Existiam então sobre a terra outros humanos – cuja origem permanece sem explicação –, os "homens da idade do bronze", corrompidos e perversos. Zeus resolveu destruí-los, desencadeando um grande dilúvio. Apenas dois "justos" deveriam ser poupados, Deucalião e Pirra. Seguindo os conselhos de Prometeu, eles construíram uma "arca" para flutuar sobre as águas. Após nove dias e nove noites, os dois abordaram sobre as montanhas da Tessália. Depois que o dilúvio foi embora, eles saíram da arca e se viram sozinhos sobre a terra deserta. Zeus enviou Hermes para lhes oferecer a satisfação de um desejo que eles podiam escolher. Deucalião queria ter companheiros. Então Zeus lhe ordenou que atirasse por cima do ombro "os ossos de sua mãe". Pirra também deveria fazer o mesmo. Pirra se assustou com tamanha impiedade. Mas Deucalião compreendeu que se tratava de "ossos da Terra", que é a Mãe universal. Ele obedeceu, e de cada uma das pedras que lançava nasciam homens; das que Pirra jogava nasciam mulheres. Deucalião e Pirra tiveram, por outro lado e de modo mais normal, outros filhos, que foram os ancestrais dos diferentes povos da Grécia; o mais velho foi chamado de Heleno, que engendrou Doro, Xuto e Éolo. Doro e Éolo são os epônimos das raças dórica e eólica. Xuto, por sua vez, teve entre seus filhos Aqueu e Íon, epônimos dos aqueus e dos jônios. Já se esboçavam as grandes divisões do povo grego, e estamos na fronteira entre a cosmogonia e a história.

Percebe-se que as lendas relativas à criação não formam um conjunto coerente. Não somente comportam numerosas variantes, como também em nenhum momento se dá um ato criador único, como se o pensamento grego recusasse qualquer explicação total, preferindo permanecer mais sensível à diversidade do mundo. Para ele, um deus ou um demiurgo jamais *pensa* globalmente o universo. Mesmo as potências sobrenaturais estão condicionadas a um devir de que elas não são inteiramente donas. Nenhuma de suas decisões é irrevogável. Acima de suas vontades plana uma Força das Coisas, que por vezes é chamada de Destino e que não dá importância a intenções e juramentos. Só mais tarde, no tempo dos filósofos, é que o pensamento se elevará até a noção de criação refletida, conforme a um plano racional; mas então se terá deixado o domínio do mito.

Constata-se também, em relação à questão mais específica da criação do homem, que tal noção apresenta uma certa vagueza. Existem lendas que explicam a criação de *determinado* homem, de *determinada* raça, mas todas elas supõem a preexistência de outros homens e de outras raças das quais não se fala. Como se o pensamento grego não cogitasse em admitir, sequer no plano mítico, a equivalência de todos os homens e não saísse, assim, de seu particularismo. Há uma criação "tessália" resumida no mito de Deucalião e Pirra. Mas há também uma criação argiana, que conhece um "primeiro homem", de nome Foroneu, filho do rio Ínaco e da ninfa Mélia (cujo nome lembra o do freixo). De Foroneu sai uma linhagem à qual pertence Argos, epônimo do país argiano; há também um Pelasgo, epônimo do povo dos Pelasgos, um Aqueu, distinto do filho de Xuto, um Messênio, epônimo da Micenas, e um Ftia, a quem se supunha que o país de Ftiótida, na Tessália, devesse seu nome. Mais do que uma cosmogonia, as tradições locais nos oferecem genealogias múltiplas, nas quais vemos a raça humana sair pouco a pouco, ao acaso, da raça das ninfas, dos rios e dos dríades, que são os espíritos femininos ligados à vida das árvores. Não há, entre deuses e mortais, a verdadeira solução de continuidade que uma criação *ex nihilo* supõe. Pode-se sustentar até certo ponto que, aos olhos dos gregos, o humano é o "divino degradado" – o que explica que o mito possa, com tanta frequência, apresentar o processo inverso e nos mostrar os homens adquirindo por suas próprias forças as honras da divindade.

Assim, a lenda de Prometeu, que talvez represente a melhor aproximação de um mito criacionista, acentua, de maneira curiosa, que os homens nasceram à margem da vontade de Zeus. Não que haja entre ele e os mortais verdadeiro antagonismo, mas o deus não é, na origem e fundamentalmente, "pai dos homens". É um mestre que encontra o humano em seu império e se acostuma a ele na medida do possível. Zeus tem necessidade de homens; comparados aos Olímpicos, representam um ramo colateral, primos caídos em desgraça, decerto, mas que gozam, no palco do universo, de uma espécie de igualdade inata diante das divindades, mais poderosas e mais bem dotadas. Todos se inclinam igualmente perante o Destino. Diante de uma mesma concepção do mundo, imagina-se uma cidade onde os homens seriam escravos e os deuses, homens livres: diferença acidental de condição e de poder, mas semelhança de natureza.

Capítulo III

O ciclo dos olímpicos

A revolução celeste provocada por Zeus instalou no poder a geração dos Cronidas, filhos de Crono, e o novo mestre ficou sendo o mais jovem dentre eles. Os três primeiros da linhagem foram três filhas: Héstia, Deméter e Hera; depois vieram três filhos: Hades, Posídon e Zeus. Assim, a geração dos Cronidas, simetricamente distribuída como tinha sido a dos Titãs, filhos de Urano, não alcançou, em número, senão a metade. Mas desde o princípio cada um possuía seus atributos e seu domínio fixado pelo Destino. Tal aspecto é incontestado em relação às três deusas. Héstia presidia o fogo doméstico; imóvel no Olimpo como o fogo doméstico na morada dos homens, ela obteve de Zeus uma virgindade eterna. Sua irmã mais moça, Deméter, presidia a terra cultivada. Ela não se confunde com Geia, a Mãe primordial, que engloba em seu seio tanto as montanhas e os desertos quanto regiões mais acolhedoras. Deméter, também uma mãe fecunda, é ligada sobretudo aos mitos do trigo, e é assim que nós a veremos; seu culto ocorre nas planícies férteis onde brotam os grãos do trigo. Já Hera é a divindade do casamento. É a esposa de Zeus; todos os anos se comemora esta união divina. A estátua da deusa é paramentada com o traje de uma jovem noiva e conduzida em procissão através das cidades até o santuário onde se preparou o leito nupcial. Assim, viam-se renovados o poder fecundante do casal e, com a intermediação da deusa, o da Natureza inteira.

As atribuições dos três filhos de Crono, Hades, Posídon e Zeus, segundo se diz, não lhes pertenceram por toda a eternidade e teriam resultado de um sorteio. Após sua vitória sobre os Titãs, os três irmãos teriam dividido entre si os três domínios do mundo. Zeus obteve o céu, Posídon o mar, e Hades o império subterrâneo e o reino dos Mortos. Mas, ainda no decorrer da luta contra os Titãs, cada um deles já tinha recebido dos Ciclopes uma arma relacionada com suas funções futuras: Zeus, o raio; Hades, um capacete mágico que tornava invisível quem o usasse (símbolo da Morte); Posídon um tridente parecido com o dos pescadores de atum, que lhe servia para balançar a terra e as ondas. Dentro do ciclo, como se vê, unem-se um relato de ambição histórica e uma espécie de descrição imanente que não têm pejo de estar em contradição aparente com a descrição cronológica dos fatos, como é o caso, por exemplo, da intervenção de Hércules na Gigantomaquia, anterior, no entanto, à data geralmente admitida para o nascimento do herói.

Aos seis primeiros Olímpicos filhos de Crono acrescentam-se outras divindades, que formam com eles o "conselho" dos grandes Deuses. A maior parte são filhos e filhas de Zeus, o que faz por vezes caber a ele o nome de "Pai dos Deuses". A tradição tardia, desenvolvida sobretudo em Roma sob a influência etrusca, conhece doze Grandes Deuses (iguais, consequentemente, em número aos doze Titãs), mas a lista é estabelecida com dificuldade e com toda certeza variou ao longo das eras. As divindades oriundas de Zeus que formam, na época clássica, a "segunda geração" de Olímpicos são as seguintes: Afrodite, Apolo, Ártemis, Hefesto, Atena, Ares, Hermes e Dionísio. O que dá, com os seis Cronidas, um total de catorze divindades. Dentre elas, Dionísio é ignorado por Homero; ele é, segundo se diz, embora erradamente, um recém-chegado ao Olimpo, ainda que seu nome já apareça desde os tempos micenenses, uma vez que consta nas inscrições do que se chama de "linear B". O silêncio de Homero explica-se por outras razões. Seja como for, para se chegar ao total de doze, é preciso excluir Hades e Posídon, pois seus domínios não são no alto. Mas há outras divindades que permanecem fora da lista canônica. Deixa-se de lado naturalmente Perséfone, filha de Deméter e Zeus, mas esposa de Hades, mantida pelo esposo nos Infernos; deixa-se também a esposa de Posídon, Anfitrite, filha de Nereu e Doris; e, com mais razão ainda, uma quantidade de outros filhos divinos de Zeus: Hebe, que simboliza a juventude dos deuses; Ilícia, demônio que preside os partos; as Horas, que são as potências que presidem as Estações; as Musas, relacionadas a todas as atividades desinteressadas do espírito; e as Cárites (as *Graças*), que cuidam todos os anos da renovação da vegetação e personificam a alegria do mundo – todas essas divindades somente cercam os Grandes Deuses, figurando em seu cortejo sem usufruir de seus privilégios.

As atribuições dos novos Olímpicos não são menos definidas do que as de seus antecessores. Apolo preside a vidência, a cura e a propagação de doenças e a música – ele rege o coro das Musas e toca uma lira de ouro. Adivinha-se, por trás dessas diversas funções, o poder encantatório dos "cantos" mágicos, e talvez esteja aí o princípio de sua personalidade múltipla. Com frequência se faz dele um deus solar, e, decerto, tal ideia encontra alguma justificativa em um ou outro de seus atributos, em um ou outro epíteto de seu ritual. Mas a natureza solar não lhe é essencial. Provavelmente, através de sua mãe Leto, ele se liga diretamente aos Titãs "astrais", a Ceos e a Febe, mas, como vimos, o Sol (Hélio) é um demônio distinto dentro da mitologia. Ele tem suas lendas próprias e até o fim lhe será aplicado o epíteto de "Titã", visto que é considerado um filho de Hiperião. Uma denominação dessas nunca poderia convir a Apolo, por ser ele essencialmente um Olímpico e possuir uma natureza muitíssimo mais complexa.

No momento em que Leto o pôs no mundo, na ilha de Delos, cisnes sagrados deram voando sete voltas em torno da ilha porque se estava no sétimo dia do mês.

Depois os cisnes o levaram para o país deles, à beira do Oceano e junto dos Hiperbóreos, que viviam sob um céu sempre limpo. Ele permanecerá ali durante um ano recebendo homenagens dos habitantes e, por volta da metade do verão, voltará à Grécia em meio a festas e cantorias. A cada ano se celebra, em Delfos, a chegada do deus. Foi em Delfos, com efeito, que Apolo se estabeleceu ao retornar. Primeiro teve que matar com suas flechas um dragão denominado Píton, que, na montanha, protegia um velho oráculo de Têmis e praticava mil depredações na região. Como lembrança de sua vítima, ele instituiu jogos que chamou de "Píticos". Apoderando-se do oráculo de Têmis, declarou-o sua propriedade e consagrou um trono de três pés no santuário – era sobre ele que se sentava a sacerdotisa encarregada de transmitir suas respostas aos homens.

Apolo, que é o mais belo dos deuses, alto, famoso pelos cachos de seus cabelos negros com reflexos azulados, conheceu numerosos amores, mas poucos foram correspondidos. A ninfa Dafne, filha do deus do rio Peneu, na Tessália, não correspondeu aos seus desejos: ela fugiu para a montanha e, como ele a perseguisse, suplicou ao pai que a metamorfoseasse. Peneu fez dela um loureiro, a árvore de Apolo por excelência. Um outro infortúnio de Apolo é a história de seus amores com Coronis, que ele fez mãe de Asclépio, mas que, enquanto ainda o carregava no ventre, enganou o amante e se entregou a um mortal, de nome Isquis. Apolo matou Coronis com uma flechada e arrancou o pequeno Asclépio das entranhas da mãe no momento em que era acesa a fogueira fúnebre.

Com Cassandra, filha de Príamo, Apolo não foi mais feliz. Para seduzi-la, ofereceu-se para ensinar-lhe a adivinhação. Cassandra aceitou, mas tão logo se viu instruída não quis ceder ao desejo de Apolo. Este, por despeito, cuspiu-lhe na boca, privando-a com isso não da ciência, mas do dom da persuasão. E apesar da pobre Cassandra fazer as mais verídicas profecias, ninguém lhe dava crédito.

Apolo não limitou seus amores às mulheres. Seus amados mais célebres foram Jacinto e Ciparisso, cujas mortes, ou melhor, metamorfoses (o primeiro se tornou um jacinto, o segundo, um cipreste) o afligiram profundamente. É bem provável que, por trás dessas duas lendas, se dissimulem lembranças de cultos anteriores à vinda dos helenos, provavelmente "egeanos", incorporados por Apolo.

Conta-se, finalmente, que por duas vezes Apolo se submeteu a uma prova e teve que se colocar a serviço dos mortais. A primeira vez foi em seguida a uma conspiração que formara com Posídon, Hera e Atena, a fim de atar Zeus em suas correntes de ferro e suspendê-lo no céu. A conspiração fracassou; como punição, Apolo e Posídon foram obrigados a trabalhar para o rei de Troia, Laomedonte, e a construir as muralhas da cidade. Concluído o trabalho, as duas divindades reclamaram ao rei o salário combinado, mas Laomedonte recusou e ameaçou cortar-lhes as orelhas e vendê-los como escravos. A segunda prova imposta ao deus consistiu em servir ao rei Admeto, de Feres, na Tessália. Zeus lhe impôs a prova porque Apolo matara com suas flechas os Ciclopes que tinham dado a Zeus o raio do qual ele se servira para matar Asclépio, o filho de Apolo culpado de ter ressuscitado cadáveres. E assim Apolo foi, durante um ano, o guardador de bois de Admeto. Durante todo o tempo em que cuidou do rebanho, os animais prosperaram de maneira milagrosa; os bezerros nasciam em duplas, e, de maneira geral, foi um período de abundância para Admeto. Há quem diga que Admeto teria sido objeto de amor do deus.

Artemis, sua irmã, é a réplica feminina de Apolo. Como ele, tem como arma um arco com o qual envia às mulheres – especialmente as que estão prestes a parir – as flechas da morte súbita. Artemis permaneceu eternamente virgem; ela passa o tempo na caça, percorrendo as montanhas acompanhada de seus cachorros. Assim como

Apolo possuía atributos de deus solar, Artemis fora, desde a Antiguidade, identificada à Lua. Contudo, não duplicou pura e simplesmente a figura de Selene. Ela não se limitou a simbolizar o astro; ela foi também a "dama das feras", a potência misteriosa que presidia a fecundidade animal nas florestas, e, sendo assim, encontravam-se nela traços que, sem nenhuma dúvida, pertenceram à grande deusa cretense. É significativo – mas explicável por essa origem complexa – que a virgem Artemis fosse invocada no momento dos nascimentos, e que as jovens mães achassem que ela podia tanto socorrê-las nas situações perigosas como também lhes ser funesta. Contava-se que esse poder de Artemis se revelara desde seu próprio nascimento. Sua mãe, Leto, que fora amada por Zeus, estava prestes a dar à luz os gêmeos divinos que carregava quando Hera, esposa legítima de Zeus e tomada por cruéis ciúmes da moça, proibiu todos os deuses da terra de lhe dar asilo durante as dores. Leto errou sem esperança, pois todos os países a recusavam. Finalmente Delos, uma ilha também errante, estéril, tão pobre que não tinha nada a temer de ninguém, consentiu em acolhê-la. E a pobre mulher pôs os filhos no mundo debaixo de uma palmeira, a única árvore de toda a ilha. Artemis foi a primeira a nascer. E na mesma hora ocupou-se em completar o parto da própria mãe, ajudando-a a dar à luz Apolo, o segundo dos gêmeos.

Hefesto comanda o fogo. Ele não é o fogo, mas o mestre das artes da forja e do trabalho dos metais. Em geral é tido como filho de Zeus, mas diz-se às vezes que Hera o colocou no mundo sozinha, sem ajuda de nenhum princípio masculino, por despeito pelo nascimento de Atena, saída da cabeça de Zeus. Hefesto é um demônio manco. A *Ilíada* nos informa a razão. Como Hera brigava com Zeus por causa de Hércules, Hefesto tomou o partido da mãe. Então Zeus o segurou por um pé e lançou-o do alto do Olimpo. Hefesto caiu durante o dia inteiro; à noite, alcançou a Terra na ilha de Lemnos, onde jazeu, mal respirando. Como era imortal, não chegou a morrer, mas ficou aleijado para sempre. A lenda nos mostra Hefesto como um artesão divino, sempre pronto para executar qualquer trabalho ajudado pelos Ciclopes ferreiros, como joias ou armas encomendadas por outros deuses. No entanto, o episódio mais célebre de seu ciclo é sua desventura conjugal com Afrodite.

Hefesto, fisicamente prejudicado, era conhecido por se ligar a mulheres de grande beleza. Atribuem a ele como esposa ora Cáris, a Graça por excelência, ora Aglaia, a mais jovem das Cárites. Porém, Zeus terminou lhe dando em casamento Afrodite, a mais bela das deusas. Só que Afrodite não tardou a se encantar por Ares, a ponto de o Sol, que tudo via, surpreender um dia os dois amantes embevecidos um com o outro. Ele foi contar a aventura ao marido; este nada disse, mas preparou uma rede invisível e estendeu-a em torno da cama da mulher. No momento oportuno, a rede se fechou, imobilizando os dois culpados e proibindo-lhes qualquer movimento. Então Hefesto convocou todos os deuses para o espetáculo. Assim que foi solta, Afrodite fugiu de vergonha, e todos os deuses foram tomados por um riso inextinguível.

Afrodite, a companheira infiel, é tida como filha de Zeus e Dioneia, uma das divindades da geração primordial. Uma outra tradição, bastante difundida, a faz nascer de Urano. Ela teria sido engendrada quando o sangue do deus, depois de sua mutilação, caiu no mar. Afrodite seria então a mulher "nascida das ondas", epíteto que lhe aplicam frequentemente os poetas. Mal saída da espuma do mar, foi levada por Zéfiro primeiro a Cítera e depois para a costa de Chipre, que eram seus territórios preferidos e onde ela possuía, na época histórica, santuários especialmente célebres. Ela foi acolhida pelas Horas (as *Estações*), que a vestiram, enfeitaram e conduziram até os Imortais.

Afrodite reúne em sua lendas elementos bastante diversos. Sem nenhuma dúvida, ela surge, no princípio, como uma potência temível que submete o universo inteiro a suas leis. Ela é o demônio da fecundidade feminina e, por uma analogia evidente, o da fecundidade na Natureza. O mais célebre de seus mitos, seus amores com Adonis, é, a esse respeito, o mais revelador, indicando-nos ao mesmo tempo a origem de alguns dos cultos assimilados pela deusa.

Conta-se com efeito que o rei da Síria, Teia, tinha uma filha, Mirra ou Esmirna, e que Afrodite, por raiva, provocou na jovem o desejo do incesto com o pai. Esmirna conseguiu enganar Teia e se uniu a ele durante doze noites, mas na décima segunda noite Teia descobriu o crime da moça e perseguiu-a para matá-la. Esmirna invocou os deuses, e eles a transformaram em um arbusto, a árvore da mirra. Dois meses depois, a casca se abriu, e dela saiu uma criança que recebeu o nome de Adonis. Afrodite, sensibilizada pela beleza da criança, recolheu-a e confiou-a a Perséfone para que ela a criasse em segredo, na escuridão dos Infernos. Entretanto, a Rainha dos Mortos encantou-se igualmente com o belo Adonis e não quis devolvê-lo a Afrodite. A discussão foi arbitrada por Zeus, e decidiu-se que Adonis viveria um terço do ano com Afrodite, um terço com Perséfone e um terço com quem ele quisesse. Contudo, Adonis passou dois terços do ano junto a Afrodite, e apenas um terço no reino dos Mortos. E assim foi durante algum tempo, até que Ares, por ciúme, incitou contra o rapaz um javali monstruoso que o feriu de morte com uma de suas presas. Do sangue de Adonis ferido nasceram anêmonas. Afrodite, como lembrança de seu amante, instituiu uma festa fúnebre que, todos os anos, na primavera, era celebrada pelas mulheres sírias. Elas plantavam grãos em vasos e os regavam com água quente para fazê-los crescer com mais rapidez. As plantações eram chamadas de "jardins de Adonis". As plantas assim forçadas não tardavam a morrer, e as mulheres emitiam lamentações sobre a sina do jovem amado por

Afrodite. Ao mesmo tempo, o rio Adonis, que corre em Biblos, adquiria uma tonalidade vermelha como se tivesse sido colorido pelo sangue do herói. As origens semíticas dessa lenda são evidentes: o nome de Adonis é aparentado da raiz semítica que significa *Senhor*, e o lugar onde ela se situa demonstra suficientemente que Afrodite deve algumas de suas características, as mais essenciais, à grande deusa síria.

Pouco a pouco, as ligações de Afrodite com a vegetação e seu caráter de potência primordial caíram no esquecimento e as lendas de seu ciclo passaram a ser não mais do que o relato de suas aventuras amorosas. Ela amou Anquises sobre o Ida, fazendo-o crer que ela era uma mortal, filha do rei da Frígia[17], transportada para lá por Hermes e abandonada na mata. Ela lhe deu um filho, Eneias, e o fez jurar jamais revelar o segredo desse amor. Da união culpada de Afrodite e Ares nasceram dois filhos, Eros e Ânteros (Amor e Amor Recíproco), que os artistas da época alexandrina procuraram representar com formas infantis, modelos diretos de nossos "querubins". A pintura pompeana popularizou esse gênero de cena: o Amor punido, o Amor ferido, nos quais Eros aparece como uma criança travessa, rabugenta ou desolada junto a uma Afrodite maternal. O Eros das cosmogonias foi completamente esquecido; sua mãe e ele não são mais as grandes figuras primordiais de antigamente, mas sim meros ornamentos.

Contudo, a lenda guarda a lembrança de uma Afrodite temível. Suas maldições eram célebres. Foi ela quem inspirou em Éos (a Aurora) um amor invencível por Oríon, a fim de puni-la por ter cedido a Ares. Ela castigou o desdém que lhe demonstraram as mulheres de Lemnos atormentando-as com um cheiro insuportável, fazendo com que seus maridos as abandonassem por cativas trácias. Afrodite puniu ainda as filhas de Cíniras, em Pafo, inspirando-lhes o desejo de se prostituir para os estrangeiros.

---

17. Frígia: antigo país da Ásia Menor. (N.T.)

Todavia, foi sobretudo no momento da guerra de Troia que seu poder explodiu. Um dia, a Discórdia lançou no meio dos Deuses uma maçã destinada à mais bela das deusas. Três delas reivindicaram o prêmio. Zeus ordenou a Hermes que conduzisse todas as três, Afrodite, Hera e Atena, ao Monte Ida, de Trôade, para que fossem julgadas pelo belo Páris, filho de Príamo. Diante dele, elas instituíram um debate e prometeram presentes. Hera prometeu ao juiz a realeza universal; Atena o tornaria invencível na guerra. Afrodite se contentou em lhe oferecer a mão de Helena, a mais bela de todas as mortais. Páris decidiu a favor de Afrodite, e esta foi a causa da guerra entre os gregos e os troianos. Durante os combates, a deusa interveio a favor dos troianos; salvou Páris no campo de batalha, protegeu Eneias, atacado por Diomedes, e, nesse encontro, chegou a sofrer um ferimento.

A deusa Atena faz com Afrodite um contraste absoluto. Nos primeiros tempos de seu reinado, Zeus desposara a oceânida Métis (cujo nome significa *Prudência*, mas também *Perfídia*) e a engravidara. Geia e Urano revelaram-lhe então que, mesmo que Métis tivesse uma filha, ela daria em seguida à luz um menino que iria se tornar o senhor do mundo. Assim desejavam os Destinos. Zeus, sem hesitar, e para garantir seu poderio, engoliu Métis. Quando chegou a hora do parto, ele ordenou a Hefesto que lhe abrisse a cabeça com uma machadada. Do seu crânio saltou uma filha inteiramente armada. Era a deusa Atena. O local do nascimento foi as margens do lago Tritônio, na Líbia.

Atena é uma deusa guerreira e seu ciclo relata suas numerosas proezas. Ela desempenhou um papel importante na luta contra os Gigantes; matou Palas, esfolou-o e de sua pele fez para si uma couraça. Seus atributos eram o escudo, a lança e a égide; sobre o escudo ela carregava a cabeça de Medusa que Perseu lhe dera e que transformava em pedra quem olhasse para ela. Mas, por um curioso contraste, Atena é também uma deusa da paz. Ela é habilidosa; protege os fiadores, os tecelões, as bordadeiras; e, se foi ela que inventou a quadriga de guerra, dotou também a Ática de oliveiras; foi ela também que ensinou os homens a extrair o óleo de suas bagas. De maneira geral, ela intervém nas lendas como o Espírito e a Razão que concedem a plena eficácia aos esforços de coragem. É ela que arma Hércules que o apoia nos momentos difíceis. É ela que, finalmente, assegura-lhe a imortalidade. Na *Odisseia*, ela intervém todo o tempo a favor de Ulisses, inspirando-lhe as decisões mais prudentes e mais sábias.

Atena permanece virgem. Entretanto, uma tradição ática conta que ela teve um filho nas seguintes condições: num dia em que fora fazer uma visita à forja de Hefesto para lhe encomendar armas, o deus, abandonado por Afrodite, apaixonou-se por Atena. Ele se declarou, mas ela não quis nem mesmo escutá-lo e fugiu. Hefesto a perseguiu e, mesmo mancando, conseguiu alcançá-la; tomou-a nos braços e, em seu desejo, molhou a perna da deusa, que se recusava a ceder. Enojada, Atena enxugou-se com um floco de lã, que em seguida jogou no chão. A semente do deus fecundou a terra e dali saiu uma criança que se chamou Eristônio (um nome que contém o da lã e o da terra) e que a deusa considerou seu filho. Decidiu criá-lo sem que as outras divindades soubessem e torná-lo imortal. Foi Eristônio que ela fechou dentro de um cofre guardado por Pandroso, uma das filhas do rei Cécopre. Aglauro, irmã de Pandroso, apesar da proibição de Atena, não conseguiu conter-se e abriu o cofre. Ela viu a criança dormindo dentro dele com uma serpente enrolada no corpo. Assustadas e amaldiçoadas por Atena, as meninas curiosas demais se precipitaram do alto dos rochedos da Acrópole de Atenas. Tempos depois, Eristônio obteve o poder sobre Ática, e foi dele que surgiu a linhagem dos reis de Atenas. Portanto, Atena aparece sobretudo como uma divindade da cidade dos atenienses, e é sem dúvida nessa função de "poliada"[18] que é preciso buscar o sentido de sua unidade e da unidade de seu ciclo lendário. Nela reside a própria alma da cidade que a honra, como provam as velhas crenças relativas às propriedades mágicas de uma estátua de Atena chamada *Palladion* e que, sob uma ou outra forma, mantiveram-se através de toda a Antiguidade. Contava-se que, em sua infância, a deusa fora educada em Cirenaica, às margens do lago Tritônio, onde nascera, e que Zeus havia lhe dado como companhia de brincadeiras a filha do deus Tritão, epônimo e gênio do lago. Essa menina, que se chamava Palas, foi morta acidentalmente por Atena. Como reconhecimento de sua culpa, Atena confeccionou uma estátua semelhante à criança, instalou-a junto a Zeus e lhe rendeu honras como a uma divindade. Essa estátua, chamada *Palladion*, ficou algum tempo no Olimpo, mas terminou caindo no chão, sobre a colina de Trôade, chamada de "colina de Ate" (ou Colina do Erro). Foi na época em que Ilo, ancestral dos troianos, fundava a cidade de Troia. A estátua entrou sozinha no templo de Atena, ainda inacabado, e ocupou o lugar de ritual. Considerada uma estátua milagrosa, foi objeto de um culto especial e acreditou-se que a cidade permaneceria invencível pelo tempo em que aquele ídolo fosse mantido lá. Mais tarde, após muitas aventuras, o *Palladion*, ou uma imagem que se acreditava ser a dele, terminou sendo conservado em Roma, dentro da capela sagrada das Vestais. E lá também se admitia que a salvação da cidade estaria ligada à da estátua.

Hermes, irmão caçula de Atena, é filho de Zeus e de Maia, que é a mais jovem das Plêiades. Ele nasceu na Arcádia, dentro de uma caverna do monte Cileno. Ao nascer, foi envolvido em tiras de pano, como então era o costume fazer com os recém-nascidos, e colocado dentro

18. "Poliada" é um adjetivo proveniente da raiz grega *polis*, "cidade". (N.T.)

de uma joeira à guisa de berço. Mas a criança, de tanto se remexer, encontrou um jeito de se soltar e, sozinha, foi até a Tessália, onde seu irmão Apolo cuidava do rebanho de Admeto. Hermes, aproveitando-se da desatenção do irmão, roubou-lhe doze vacas, cem bezerras e um touro e depois, amarrando um galho na cauda dos animais para apagar suas pegadas à medida que caminhassem, levou todo aquele rebanho até Pilos de Micenas. Lá chegando, sacrificou duas das bezerras e dividiu-as em doze partes, uma para cada uma das doze divindades. Em seguida, depois de esconder o butim, voltou a se deitar na sua gruta natal. Ao entrar, deparou-se com uma tartaruga; apanhou-a, esvaziou-a e estendeu sobre a cavidade cordas fabricadas com os intestinos das vítimas que acabara de sacrificar. E, desse modo, a lira foi inventada.

Nesse entretempo, Apolo procurava por toda parte seu cabedal. Ao descobrir tudo graças à sua arte divinatória, correu para o monte Cileno e reclamou a Maia. Maia, como resposta, apenas lhe mostrou a criança cuidadosamente envolvida em seus panos. Então Apolo recorreu a Zeus, que ordenou a Hermes que devolvesse os animais roubados. Mas Apolo, que avistara a lira dentro da gruta do Cileno, fez um acordo com Hermes e, em troca do instrumento, entregou-lhe o rebanho.

Pouco tempo depois, Hermes inventou a siringe (a flauta de Pã) e novamente vendeu sua invenção a Apolo por um cajado de ouro. Além disso, o irmão lhe ensinou a arte divinatória. Esses mitos da infância têm por objetivo explicar as características rituais do deus: o cajado de ouro é a varinha mágica com a qual adormece os olhos dos mortais. A varinha lhe serviu quando, para obedecer a Zeus, matou o vigilante Argos-dos-Cem-Olhos, guarda preposto de Hera, encarregado da vigilância da bezerra Io. Mensageiro dos deuses, Hermes é dotado de sandálias aladas que o transportam pelos ares. Sua função mais específica é acompanhar aos Infernos as almas dos mortos.

Sua imagem era colocada, com a forma de um pilar grosseiramente talhado, nas encruzilhadas das estradas e das ruas. É o companheiro dos viajantes, protege os pastores; e os monumentos o representam às vezes carregando um cordeiro nas costas, numa atitude de "bom pastor". Hermes é sobretudo célebre por suas artimanhas. Foi dele que o filho Autólico (o ancestral de Ulisses) herdou o dom de roubar. Viajante e habilidoso em se apropriar dos bens dos outros, Hermes não podia deixar de ser considerado o deus do comércio.

Ares é filho de Zeus e de Hera. É o deus da guerra, que se compraz com o sangue e a carnificina. Usa armadura e capacete e está armado com escudo, lança e espada. Em torno dele estão quatro demônios que lhe servem de escudeiros: Deimos e Fobos (o *Temor* e o *Terror*), Éris (a *Discórdia*) e Enio, um demônio feminino da guerra. As lendas de Ares não são muito numerosas. Rendiam-lhe um culto particular em Tebas, onde antigamente ele possuía uma fonte guardada por um dragão, que era seu filho. Quando Cadmo, vindo da Síria para a Grécia, quis tirar água dessa fonte para celebrar um sacrifício, o dragão tentou impedi-lo. Cadmo matou-o, mas como expiação teve que servir Ares como escravo durante sete anos. Quando expirou a obrigação, os deuses celebraram o casamento do herói com Harmônia, filha de Ares. A essa união se atribuía a origem da família real tebeia.

Com frequência, ao representar Ares, os gregos sentiram prazer em mostrá-lo vencido: sua força brutal era contida ou enganada pelo valor mais inteligente de Hércules ou pela sabedoria viril de Atena. Foi assim que, diante de Troia, a habilidade da deusa foi tanta que ele acabou ferido por Diomedes. Quando Hércules atacou Cicno, filho de Ares, este quis intervir e enfrentou o herói, mas foi ferido na coxa e teve que se retirar do combate.

Havia em Atenas um lugar que levava seu nome, o Areópago, ou colina de Ares. No sopé corria uma fonte.

Um dia Ares avistou no local o filho de Posídon, Halirrócio, tentando violar Alcipe, a filha que ele tivera com Aglauro. Para defender a filha, ele se precipitou e o matou. Posídon então o citou diante do tribunal composto de Olímpicos que funcionava sobre a própria colina. Ares foi inocentado. No entanto, como lembrança, o nome de Areópago foi dado à colina, onde, em seguida, passou a se reunir o tribunal encarregado de julgar os crimes de ordem religiosa.

Deméter, irmã de Zeus, filha de Cronos e de Reia, é dona de uma das mais belas e emocionantes lendas da mitologia helênica. Dizia-se que Zeus se unira a ela e lhe dera uma filha chamada Perséfone, que crescia feliz entre as Ninfas, na companhia das outras filhas de Zeus. Ela colhia, um dia, flores na planície de Enna, na Sicília – ou então perto de Eleusis, na Ática, ou então na planície de Cnossos, em Creta, que são lugares onde se cultiva o trigo – no momento em que a jovem se curvava para colher um narciso, a terra se entreabriu e dela saiu um deus sobre uma quadriga puxada por dragões. Era Hades, o irmão de Zeus, que se apaixonara por Perséfone e, com a cumplicidade do irmão, decidira raptá-la. Perséfone foi arrastada para os Infernos, mas, ao desaparecer, soltou um grande grito. Deméter escutou o grito da filha e, com o coração cheio de angústia, começou a procurá-la. Foi impossível encontrar Perséfone. Por nove dias e nove noites, sua mãe, sem se alimentar, sem beber nem se banhar, errou pelo mundo com um archote em cada mão. No décimo dia, ela encontrou a deusa Hécate, que também ouvira o grito; chegara até a avistar o raptor, mas não pudera reconhecê-lo, pois ele tinha a cabeça envolta em sombras. Finalmente, o Sol, que vê tudo, comunicou a verdade à mãe desolada. Cheia de raiva, a deusa decidiu não voltar mais para o céu e não cumprir mais suas funções divinas até que lhe devolvessem a filha. Adotou o aspecto de uma velha e foi para Eleusis. Lá, diante do palácio do rei Celeu, encontravam-se todas as velhas do país, que a convidaram a permanecer entre elas e participar de sua refeição. Mas ela, na sua dor, nada quis aceitar. Uma das velhas, chamada Baubo, insistiu, mas, como Deméter teimava em recusar qualquer reconforto, Baubo suspendeu as roupas e mostrou as nádegas à deusa. Deméter começou a rir e terminou aceitando a comida. Em seguida, colocou-se a serviço da mulher de Celeu, a rainha Metanira, que a admitiu como ama de leite. Confiaram-lhe o filho do rei, que se chamava, de acordo com as versões, Demófon ou Triptólemo. Deméter tentou tornar a criança imortal e, para isso, mergulhava-o todas as noites dentro de um banho de brasas até o dia em que Metanira a surpreendeu naquele estranho comportamento. Temendo pelo filho, Metanira soltou um grito. Deméter largou a criança, que foi consumida pelo fogo; então revelou sua identidade. Atribuiu a Triptólemo, o segundo filho de Celeu, a missão de percorrer o mundo ensinando aos homens a cultura do trigo. E Triptólemo partiu em cima de uma quadriga puxada por dragões alados, de onde ia semeando grãos de trigo.

Como o exílio voluntário de Deméter tornava a terra estéril e perturbava a ordem do mundo, Zeus decidiu devolver-lhe a filha. Foi, pois, encontrar Hades e lhe ordenar que Perséfone fosse restituída. No entanto, isso não era mais possível. Com efeito, a moça rompera o jejum e, no jardim do rei dos Infernos, comera um grão de romã. Estava, desse modo, definitivamente ligada ao mundo infernal. Foi preciso se chegar a um acordo. Deméter retomaria seu lugar sobre o Olimpo, e Perséfone dividiria seu tempo entre ela e os Infernos. É assim que, a cada primavera, Perséfone escapa do mundo subterrâneo e sobe em direção à luz com os primeiros brotos que saem dos sulcos da terra, para se refugiar novamente nas sombras na época da semeadura. Porém, durante todo o tempo em que fica separada de Deméter, o solo é estéril, e é a estação triste do inverno.

Essa lenda adquiriu diversas formas locais e se intrincou com uma infinidade de episódios. Veremos como terminou servindo de "suporte" para os mistérios que se celebravam em Eleusis, onde se representava para os iniciados uma versão esotérica carregada de simbolismo.

Deméter é ligada à cultura do trigo. Dionísio é o deus que personifica os poderes da vinha e do vinho. Ele é filho de Zeus e de Sêmele, que é filha de Cadmo, o herói fundador de Tebas. Um de seus epítetos místicos é "o que nasceu duas vezes", e a explicação advém da história de seu nascimento. Sêmele, que fora amada por Zeus, foi objeto de ciúme por parte de suas irmãs, que fingiram acreditar que ela tinha se entregado a um amante comum. A ponto da dúvida ter se instalado no coração da moça, fazendo-a querer ter a prova da divindade de seu amante. Pediu que ele se exibisse para ela em toda a sua glória, tal como ele se revelava a Hera. Zeus resistiu, mas acabou cedendo, e quando surgiu, cercado pelo raio e pelos relâmpagos, Sêmele morreu de susto. Zeus apressou-se em arrancar a criança que ela trazia no corpo, que ainda estava no sexto mês de gestação. Costurou-a na própria coxa e, ao tirá-la dali, quando chegou o final da gestação, o pequeno Dionísio estava perfeitamente formado e era capaz de viver.

Zeus, contudo, sentia-se um tanto incomodado por ter de criá-lo, temendo o ciúme de Hera. Ele confiou a criança em segredo a uma das irmãs de Sêmele, Ino, que era casada com Atamas, o rei de Orcomene, na Beócia[19]. Recomendou-lhes que vestissem a criança com roupas femininas, para confundir as buscas de Hera. Entretanto, ela não se deixou enganar e provocou a loucura em Atamas e Ino, que acabaram se matando. Então Zeus levou a criança para bem longe da Grécia, no país de Nisa, que os gregos situavam com muita imprecisão, ora na Ásia ora na Etiópia. De fato, é bem provável que esse nome tenha

19. Beócia: região da antiga Grécia ao Norte e Noroeste da Ática. (N.T.)

sido inventado para dar uma etimologia ao nome do deus. Dionísio é o "Zeus de Nisa".

Nesse país longínquo e fabuloso, a criança foi educada pelas Ninfas, sob a forma de um cabrito ("cabrito" também era um dos epítetos rituais de Dionísio). Uma vez adulto, Dionísio descobriu a videira e o vinho. Mas Hera também fez com que fosse acometido de loucura, e ele começou uma corrida desordenada pelo mundo. Percorreu o Egito e a Síria e chegou à Frígia, onde a deusa Cibele (considerada uma forma de Reia, a Mãe dos Deuses) o purificou, livrou-o da loucura e o iniciou em seus próprios mistérios. É então que começa na vida dele o período de suas conquistas. Faz-se doravante acompanhar de um cortejo de demônios tanto femininos quanto masculinos, que são as Bacantes e os Bacantes. Juntam-se igualmente o velho Sileno, montado sobre seu burro, e os Sátiros, metade homens, metade bodes, representantes dos espíritos orgíacos da terra e do vinho. Dionísio vai montado em uma pantera e segura na mão um tirso. Ele foi o conquistador que partindo da Frígia abordou na Trácia. Licurgo, o rei do país, recebeu-o muito mal e quis fazê-lo prisioneiro. Dionísio procurou asilo junto à deusa marinha Tétis. Licurgo, para se vingar, capturou as Bacantes, mas elas foram libertadas por uma força misteriosa, e ele enlouqueceu. Segurando um machado, imaginava-se cortando cepas de videira, quando, na realidade, feria a própria perna e mutilava o próprio filho. Ao retornar de sua perturbação mental, deu-se conta de que seu país se tornara estéril. O oráculo consultado revelou que a ira de Dionísio só seria aplacada com a morte do culpado, e Licurgo foi esquartejado por seus súditos.

Saindo da Trácia, Dionísio ganhou a Índia, submetendo tudo, durante sua passagem, com seus encantamentos. Os pintores e os escultores da Antiguidade frequentemente representaram a marcha triunfal do deus em direção ao Oriente, marcha que não deixa de lembrar as expedições de Alexandre.

Voltando vitorioso à Grécia, Dionísio se apresentou na Beócia, que era a pátria de sua mãe. Mas o rei de Tebas, Penteu, incomodou-se com aquele culto novo que mergulhava as mulheres em crises assustadoras, durante as quais elas percorriam o campo soltando gritos como se estivessem fora de juízo. Ele proibiu a celebração das "orgias". Porém, como acontecera com Licurgo na Trácia, Penteu foi cruelmente punido por essa impiedade. Enquanto ele espionava do alto do Citeron as maquinações das Bacantes, sua própria mãe, Agave, junto com as outras mulheres, agarrou-o e o fez em pedaços, ao confundi-lo com um leão. Pouco a pouco, o culto de Dionísio se propagava, e as resistências eram quebradas da mesma maneira. Em Argos, o deus provocou perturbação mental nas filhas do rei Preto e as fez percorrer durante muito tempo o campo, acreditando-se transformadas em novilhas. Elas chegaram até a devorar os próprios filhos. Uma vez submetido o continente, Dionísio embarcou para as ilhas. Piratas que ele contratara para levá-lo a Naxos quiseram vendê-lo como escravo na Ásia, mas os remos se tornaram serpentes, o navio se encheu de hera e se ouviram por toda parte flautas e tambores invisíveis. Os piratas, desesperados, atiraramse nas ondas e foram transformados em golfinhos.

Restava ao deus um último domínio a percorrer antes de voltar para o céu. Ele decidiu descer aos Infernos e buscar sua mãe Sêmele, para associá-la à sua glória. E finalmente, com ela, ele conquistou a imortalidade.

Vê-se que existe, ao contrário do que se constatou em relação aos outros deuses da geração olímpica, uma lenda coerente e uma espécie de "biografia" de Dionísio do nascimento à apoteose. O que não significa que Dionísio seja, como se acreditou por muito tempo, um recém-chegado ao panteão helênico. Tal explicação é hoje, como dissemos, insustentável. É evidente, em compensação, que a lenda tem outras origens além das precedentes e que se impôs aos helenos quando já estava inteiramente formada. Todas as lendas da infância se desenvolveram a partir do ritual; os episódios da conquista do mundo são o testemunho da lembrança ainda viva da invasão do culto através da Trácia e das resistências que sua difusão suscitou. Adivinha-se toda uma religião por trás desse "evangelho", e isso basta para dar ao deus uma fisionomia bem diferente da que apresentam as outras divindades gregas.

No meio dos Olímpicos, Zeus surge como o "moderador" e o mestre. Seu poder é por vezes ameaçado por complôs ou rebeliões fomentadas por seres monstruosos, sombrias testemunhas de uma idade remota, mas que nunca o abalam de maneira duradoura. Existe um ciclo mítico em torno dele. Já mencionamos as circunstâncias que cercaram seu nascimento: a criança escondida pela mãe dentro de uma caverna de Creta confiada às Ninfas de Ida, que a alimentaram com leite e mel, enquanto em torno dela dançavam os Curetes, que eram jovens guerreiros armados, verdadeiros demônios da dança guerreira, agitando as lanças e batendo no bronze dos escudos com a lâmina das espadas. O barulho assustador que produziam devia, assim, cobrir os choros da criança. Também falamos das etapas da conquista do poder, que constituem de maneira visível uma outra camada dentro do mito. Mas os episódios mais populares do mito são sem nenhuma dúvida as uniões do deus.

As esposas de Zeus, legítimas ou ilegítimas, são incontáveis. A primeira em data foi Métis. Em seguida veio Têmis, que é a Lei personificada, ou melhor, a Constância do Mundo. Primeiro ela deu ao rei três filhas, as Estações (ou as *Horas*, como as denomina impropriamente a tradição), chamadas Irene (a Paz), Eunomia (a Disciplina) e Diké (a Justiça); depois outras três, que foram as Moiras (os Destinos): Átropos, Laquesis e Cloto, as três "Fiandeiras", que tecem nos Infernos o destino de todos os humanos. A união com Têmis é evidentemente um mito filosófico, de pura intenção simbólica. Ele mostra como Zeus, o todo-poderoso, é a encarnação da Ordem eterna e como o Destino, ao qual ele obedece, em nada limita sua onipotência, uma vez que o Destino é, em última análise, uma emanação do próprio deus.

Zeus se une ainda à titânida Dione, que, em certas versões, é tida como a mãe de Afrodite; depois a Mnemosina (Memória), que lhe dá filhas, as nove Musas. Com a oceânida Eurínome ele teve as três Graças, Aglae, Eufrosina e Tália, que, originalmente, são espíritos da vegetação e da primavera.

O casamento com Hera, irmã de Zeus, é apenas uma de suas uniões divinas. Mas foi "definitivo", tradicional e semelhante a todos os casamentos humanos, e as outras uniões de Zeus – dessa vez com mortais – aparecerão como infidelidades feitas a Hera. Mencionamos a união com Deméter e o nascimento de Perséfone. Essa união entre Zeus e uma outra de suas irmãs não parece ter provocado o ciúme de Hera: lenda integrada ao ciclo das duas deusas eleusianas, continua estranha ao ciclo próprio de Zeus, simbolizando simplesmente a ação fecundante da chuva celeste sobre a terra.

Mas em relação aos amores com mortais, tudo se passa de outra maneira, dado que eles não são suscetíveis a uma interpretação tão elementar. Essas lendas têm geralmente por objeto o estabelecimento de uma genealogia e apresentam, em suas origens, um valor puramente local. A pretensão coríntia, segundo a qual o epônimo Corinto era "filho de Zeus", tornara-se objeto de escárnio no resto da Grécia. Mas cada uma das grandes "raças" helênicas se conecta ao deus. É verdade sobretudo para as cidades do Peloponeso: na Argólida, o ancestral dos atreídes, Tântalo, era tido como filho de Zeus e de Pluto. Os arcadianos tinham, da mesma maneira, como ancestral, Arcas, filho de Zeus e da ninfa Calisto. Os lacedemônios se atribuíam a descendência de Zeus e da ninfa Taígeta. Na Argólida, além do mais, a aliança de Zeus fora renovada por diversas vezes: o herói Argos era filho de Zeus e da Níobe argiana, assim como Pelasgo, ancestral do povo "pré-aqueu" dos Pelasgos. Em seguida, após a união entre Zeus e Dânae, o nascimento de Perseu estabelecera na Argólida uma nova descendência do deus. Em Tebas, Cadmo se ligava a ele através de Épafo e Io. Os cretenses evocavam Europa e os três filhos que ela tivera do deus, Minos, Sarpédon e Radamanto. Na Ftiótida e na ilha de Egina, a raça de Peleu e a de Télamon se originam de Éaco, filho de Zeus com a ninfa Egina. Os próprios troianos tinham como ancestral Dárdano, nascido dos amores de Zeus e da plêiade Electra. Essas genealogias se aplicam, como se vê, às raças mais antigas da Grécia, ou então às famílias reais, das quais expressam os títulos de nobreza e justificam as pretensões. É digno de nota que os epônimos das grandes divisões étnicas dos helenos, Aqueu, Ion, Doro e Éolo, não tenham Zeus como ancestral, e sim Deucalião e Pirra. Dentre os povos gregos, os últimos a chegar, os dórios, tinham, contudo, uma lenda particular: na época em que eles ainda estavam instalados ao norte da Grécia continental, seu rei Egímio recebera ajuda de Hércules contra os lápitas, seus vizinhos. Como pagamento, ele dera ao herói um terço de seu reino, mas este lhe pediu apenas que reservasse a recompensa para seus descendentes. Foi assim que o filho de Hércules, Hilo, tornou-se o epônimo de uma das três tribos dórias, e as duas outras receberam seus nomes a partir de Dimas e Pânfilo, os dois filhos de Egímio. Como resultado, no mínimo um terço dos dórios se ligam através de Hilo a Hércules e aos heráclidas e, portanto, a Zeus, pai de Hércules.

Muitas das uniões de Zeus com as mortais ocorreram sob formas animais: com Europa, o deus adquiriu o aspecto de um touro; com Leda, o de um cisne; ou então suas amantes conheceram metamorfoses análogas: a ninfa Calisto se tornou uma ursa, e Io, uma bezerra. É provável que, nessas aventuras, tenham sido postos sob o nome de Zeus mitos mais antigos, nos quais a divindade se apresentava sob uma forma animal ou, em geral, fetichista: assim se explicaria igualmente a "chuva de ouro" que fecundou Dânae na sua prisão e que era tida como uma "encarnação" do deus. Os gregos supunham, mais simplesmente, que Zeus adotara essas formas improváveis para enganar a vigilância de Hera, ou então que ela punira as amantes do marido inflingindo-lhes metamorfoses degradantes. Quanto a Dânae, os gregos não ignoravam que nenhuma fechadura, nenhuma tranca resistiria ao poder absoluto do ouro.

Seja como for, o ciclo de Zeus é talvez o que reúne o maior número de elementos de origens diversas e revela as camadas mais profundas da religião helênica: o Zeus cretense não é seguramente idêntico, em seu princípio, ao Zeus arcadiano ou ao Zeus frígio. Os mitos ligados a cada uma dessas personalidades se justapuseram e nunca alcançaram a coerência de uma teologia.

Capítulo IV

Os grandes ciclos heroicos

Em contraste com a incoerência dos ciclos lendários relativos aos deuses, os ciclos heroicos se apresentam como relatos de aventuras cujos episódios são reunidos com mais cuidado e mostram uma elaboração de característica evidentemente literária, embora os poemas ou as rapsódias épicas que os usaram como tema em geral não tenham chegado até nós. As epopeias homéricas constituem apenas uma exceção, pois tais poemas não passam de uma "escolha" feita em uma data relativamente tardia entre tradições de origens diversas. No entanto, não possuímos senão fragmentos insignificantes dos *Cantos cipriotas* ou da *Pequena Ilíada* de Leschès, que tratavam dos episódios secundários da aventura troiana. Existiu também toda uma série de *Regressos*, hoje perdidos, dos quais a *Odisseia* é apenas o mais famoso. Na exposição dos principais ciclos heroicos, vamos encontrar, como consequência, uma "matéria mítica" mais liberada de suas origens religiosas; por outro lado, as lendas "etiológicas" e os elementos folclóricos estão ali representados, embora frequentemente mascarados por desenvolvimentos puramente romanescos ou de tendência moral e simbólica.

Mencionaremos aqui apenas seis grande ciclos – os que inspiraram o maior número de obras literárias e se tornaram, por causa disso, os mais célebres. São eles: a expedição dos Argonautas, o ciclo tebano, o ciclo dos Atrides, o de Hércules, o de Teseu e, por fim, as aventuras de Ulisses. Esses grupos de lendas cobrem uma área geográfica que se estende praticamente por todo o mundo helênico, desde a extremidade setentrional do Mar Negro até a Cirenaica, com a lenda dos Argonautas; e desde as margens do Adriático até a Trôade, a Síria e Creta, com as de Ulisses, de Cadmo e dos Atrides. Observou-se, também, que todos esses ciclos heroicos se ligam à idade da civilização micênica e que suas localizações correspondem a sítios onde os arqueólogos efetivamente encontraram testemunhos que remontam a essa época. Portanto, é provável, senão absolutamente certo, que esses ciclos sejam em grande medida o reflexo de acontecimentos históricos e que nos apresentem à sua maneira o quadro de uma civilização que de fato existiu. Os elementos romanescos e prodigiosos que eles contêm não devem esconder tal aspecto, e, se por trás das proezas de Hermes criança ou de Afrodite convém procurar particularidades de rituais ou atributos religiosos, por trás das proezas de Aquiles, de Agamenon e de Jasão se entrevê frequentemente a lembrança confusa de migrações e de conflitos que a história ignora ou então esqueceu.

O ciclo dos Argonautas se organizou em torno da pessoa de Jasão, que é um herói tipicamente tessálio, da descendência de Éolo. Seu pai, Éson, reinava em Iolco, no sopé do monte Pélion. Mas Éson fora destronado por seu meio-irmão Pélias, filho de Posídon, e teve que se refugiar no exílio. Jasão – como a maior parte dos heróis lendários – fora educado pelo centauro Quíron, que lhe ensinara, entre outras ciências, a medicina. Quando atingiu a idade adulta, Jasão deixou seu mestre e se apresentou sem se fazer reconhecer na corte de Iolco. Chegou lá vestido estranhamente. Coberto com uma pele de pantera, segurava uma lança em cada mão, e seu pé esquerdo estava descalço, de acordo com um velho rito guerreiro dos etolianos[20]. Foi assim que ele se apresentou na praça de Iolcos, no momento em que seu tio estava no meio de uma celebração de sacrifício. Vendo-o, Pélias se lembrou de

20. Etolianos: nascidos ou habitantes da Etólia (Grécia Antiga). (N.T.)

um oráculo que o havia aconselhado a tomar cuidado com um "homem que calçasse um só sapato". Mandou que o viajante se aproximasse e lhe perguntou que castigo ele imporia a um súdito que conspirasse contra seu rei. Jasão respondeu que o mandaria conquistar o velocino de ouro. Pélias lhe disse então que ele, Jasão, era o súdito culpado que acabara de condenar a si mesmo. A Jasão só restava obedecer e organizar sua expedição.

O precioso velocino, cuja conquista parecia tão temível, era de um carneiro divino, alado, que Hermes dera no passado de presente a Néfele, a primeira mulher do rei Atama – o mesmo que Zeus escolhera como pai adotivo de Dionísio, em Orcomene. Quando Ino, a segunda mulher do rei, conseguiu através de maquinações que os dois filhos de Néfele, Frixo e Hele, fossem sacrificados para desviar do país uma suposta esterilidade, Néfele deu a eles o carneiro divino, que os levou pelos ares. Hele caiu no caminho e se afogou quando atravessava o estreito que ganhou o nome, desde então, de Helesponto (mar de Hele), mas seu irmão, Frixo, chegou são e salvo a Cólquida (na região do Cáucaso); chegando lá, Frixo sacrificou o carneiro a Zeus e consagrou o velo do animal (que era de ouro) em um bosque sagrado de Ares. O rei de Cólquida, Eetes, um coríntio que partira no passado para buscar fortuna sobre as margens do Ponto Euxino, guardava aquele despojo a sete chaves. Tal era a meta da expedição imposta a Jasão.

Para levar a termo sua empreitada, Jasão começou pedindo ajuda a Argos, o filho de Frixo. E, a conselho de Atena, Argos se comprometeu a construir um navio. O navio, a *Nave Argo*, possuía propriedades maravilhosas. A peça de proa era feita de um pedaço do carvalho profético de Dodona; a própria deusa o havia talhado e dotado da palavra, de modo que o navio podia profetizar. Enquanto era construído, Jasão reuniu um grande número de companheiros. A fantasia dos mitógrafos e dos poetas compôs listas intermináveis de companheiros de Jasão – que serão chamados de *Argonautas*, ou “navegadores do Argo”. Nelas se encontram os nomes dos principais heróis da idade imediatamente anterior à guerra de Troia: os pais dos combatentes aqueus, companheiros de Agamenon e outros, e que fazem parte do ciclo tebano, como o adivinho Anfiarau. Uma tradição, talvez relativamente tardia, inclui Hércules, ou mesmo o filho dele, Hilo. Mas os Argonautas mais célebres e os que desempenharam um papel efetivo na aventura são o cantor trácio Orfeu, os filhos de Bóreas, Cálais e Zeto, os dois filhos de Tíndaro, Castor e Pólux, e seus primos, Idas e Linceu, filhos de Afareu. O adivinho oficial da expedição era Idmon, filho do argiano Abas.

A viagem começou sob auspícios favoráveis. Os presságios indicavam que todos iriam voltar vivos, salvo Idmon. A primeira escala foi a ilha de Lemnos, onde, nessa época, só havia mulheres. Estas, em consequência da maldição de Afrodite, tinham matado todos os homens e se encontravam em grande dificuldade para perpetuar a raça. E, assim, os Argonautas foram bem acolhidos e lhes deram filhos. Depois eles se dirigiram para o Helesponto. O rei dos dólios, Cizico, recebeu-os com hospitalidade no país de Cizica. Mas, na noite seguinte, quando abriram as velas, ventos contrários levaram os Argonautas, sem que soubessem, de volta para o reino de seu anfitrião. Contudo, os dólios não os reconheceram e, tomando-os por piratas, os atacaram-nos. Com o barulho, o rei Cizico acorreu e, na confusão, foi morto por Jasão. Quando o dia se levantou, os dois partidos reconheceram seu erro. Durante três dias, os Argonautas fizeram funerais magníficos para o rei, proferiram lamentações e participaram de jogos fúnebres em sua honra.

A etapa seguinte conduziu-os à costa da Mísia. Enquanto os companheiros preparavam a refeição, Hércules, que partira seu remo ao remar com muita força, foi para a floresta cortar uma árvore e fabricar outro. O jovem Hilas, que servia de pajem a Hércules, foi buscar água doce na floresta. Na beira de uma fonte, ele se deparou com as Ninfas dançando. Elas o acharam tão bonito, que o atraíram para a fonte, onde ele se afogou. Hércules escutou o grito de Hilas no momento em que desaparecia dentro das águas e, com a ajuda de outro Argonauta, de nome Polifemo, decidiu procurar o amigo. Erraram a noite inteira dentro da mata; e, quando o dia nasceu e o navio partiu, eles não estavam a bordo. Foi, pois, sem Hércules nem Polifemo que os Argonautas tiveram que continuar sua viagem, pois os Destinos não tinham permitido que os dois companheiros participassem da conquista do velocino. Polifemo fundou a cidade de Cios na vizinhança, e Hércules continuou sozinho suas proezas.

No país de Bebrices, onde os Argonautas desembarcaram em seguida, Pólux foi desafiado à luta pelo rei Âmico e o venceu. No dia seguinte, o Argo foi colhido pela tempestade e precisou fazer escala na costa da Trácia, no reino de Fineu. Fineu era um adivinho cego, e sobre ele os deuses haviam lançado uma maldição singular: cada vez que era posta na frente dele uma mesa cheia de comida, as Harpias, que são seres rapaces, precipitavam-se sobre os alimentos e os atacavam e, o que elas não podiam levar, sujavam com seus excrementos. Os Argonautas pediram a Fineu que falasse sobre o desfecho da expedição, mas ele não quis dar uma resposta antes que eles o livrassem das Harpias. Cálais e Zeto, que eram alados, precipitaram-se em perseguição aos monstros e, encontrando-os nas ilhas Estrófades, fizeram-nos jurar pelo Styx não importunar mais o rei. Feneu desvendou a seus libertadores o que deviam saber sobre o futuro e os alertou sobre as Rochas Azuis (as *Ciâneas*), que podiam esmagar o navio por serem duas rochas errantes que se chocavam uma contra a outra quando os navegadores passavam entre elas.

Retomando a viagem, os Argonautas encontraram de fato os recifes de que lhes falara Feneu; por conhecerem a decisão dos deuses, eles soltaram uma pomba que voou direto entre as Ciâneas. Os recifes se fecharam, mas só conseguiram segurar a última pena da cauda. Encorajados, os Argonautas tentaram passar. Os rochedos se fecharam mais uma vez; porém, somente a última tábua da popa foi ligeiramente atingida. Depois dessa época, as Ciâneas permaneceram imóveis, pois queria o destino que seu movimento acabasse tão logo um navio tivesse conseguido transpô-las sem avaria. Assim se deu a entrada dos Argonautas no Ponto Euxino. Depois de algumas escalas, ei-los no território de Eetes, na Cólquida. Jasão expôs ao rei o motivo de sua vinda. Eetes não se recusou a dar o velocino, mas, antes de entregá-lo, estabeleceu como condição que o herói, sem nenhuma ajuda, impusesse o jugo a dois touros de cascos de bronze que sopravam fogo pelas ventas. Esses touros monstruosos, presentes de Hefesto, eram de uma ferocidade extrema. O rei esperava que o rapaz fracassasse. Mesmo assim, acrescentou uma segunda prova: Jasão deveria, com os dois touros, arar um campo e semear os dentes do dragão de Ares.

Jasão se perguntava como faria para vencer aqueles monstros quando a filha do rei, Medeia, que desenvolvera por ele uma grande paixão, veio socorrê-lo. Ela lhe deu um bálsamo mágico com o qual ele devia se untar para evitar as queimaduras e se tornar invulnerável. Revelou-lhe em seguida o que iria acontecer uma vez semeados os dentes do dragão. Assim prevenido, Jasão conseguiu dominar os dois touros, arar o campo e semear os dentes. Dos dentes, como anunciara Medeia, saiu uma colheita humana, guerreiros inteiramente armados. Escondido dos olhos deles, Jasão atirou uma pedra no meio da tropa, o que fez com que os guerreiros se acusassem reciprocamente e se matassem entre si.

Eetes, entretanto, não cumpriu a promessa. Estava prestes a incendiar o Argos quando Jasão, com a ajuda de Medeia, agarrou o velocino e fugiu. Levou a moça com ele, e ela, por sua vez, levou também o irmão mais moço, Apsirto. Eetes, furioso por ter sido enganado, começou a persegui-los. Para atrasá-lo, Medeia matou o pequeno Apsirto e espalhou seus membros no mar. Eetes demorou recolhendo-os e quando terminou era tarde demais para que pudesse alcançar os fugitivos. Entretanto, despachou muitos guerreiros para buscá-los, advertindo-os de que, se voltassem sem eles, iriam morrer em seu lugar.

Os Argonautas, mudando de rota, começaram a subir o Danúbio e continuaram até o Adriático. De acordo com o pensamento da época, o rio seria na verdade um canal entre os dois mares, da mesma maneira que o Pó uniria sem descontinuidade o Adriático ao Ródano e ao país dos Celtas. Foi pela embocadura do Ródano que os Argonautas penetraram novamente no Mediterrâneo. A voz do Argo revelara-lhes que Zeus ficara descontente com o assassinato de Apsirto e que eles teriam que obter a purificação com a maga Circe, que vinha a ser a irmã de Eedes e, portanto, tia da criança e de Medeia. Obedecendo, fizeram escala no país de Circe (perto de Gaeta, sobre a costa italiana). Circe purificou-os, e o navio tornou a partir. Ao atravessarem o mar das Sereias, Orfeu cantou uma melodia tão bela que ninguém teve vontade de ouvir a voz das encantadoras. Ao cruzar o estreito de Messina, o Argo viu-se diante da ilha dos Feácios. Lá encontraram um grupo de colquidianos[21] mandados no seu encalço, mas Alcinoo, rei dos feácios, se recusou a entregá-los, e os Argonautas voltaram ao mar. Uma tempestade arrastou-os até a orla das Sirtes, na costa da Líbia. Para se abrigarem, tiveram que transportar o navio nas costas até o lago Tritônio, e Tritão, o deus do lago, mostrou-lhes uma saída pela qual alcançariam o mar livre. De lá quiseram atracar em Creta, mas o gigante Talo, cujo corpo era de bronze,

21. Colquidianos: de Colquide, no Cáucaso, parte da atual Geórgia, na costa oriental do Ponto Euxino, onde os argonautas foram conquistar o Tosão de ouro. (N.T.)

proibiu-lhes o acesso à ilha. Então Medeia, com seus encantamentos, fez com que Talo rasgasse o tornozelo sobre os rochedos – era o único lugar no qual ele era vulnerável – e morresse. Os Argonautas acamparam na margem depois de erguer um santuário para Atena Minoana. Por fim, alguns dias de mar os levaram à Grécia e, depois de uma escala em Egina, eles desembarcaram em Iolco, de posse do velocino de ouro. Contudo, as aventuras de Jasão e Medeia ainda não tinham terminado. Medeia decidiu se vingar de Pélias. Ela se aproximou de suas filhas e persuadiu-as de que sabia como rejuvenescer o pai delas. Para isso, fez um velho carneiro em pedaços e mandou que o cozinhassem em um caldeirão cheio de ervas mágicas; tirou de dentro um cordeirinho novo. Então as filhas de Pélias não hesitaram mais: deceparam o pai e o cozinharam. Mas Pélias não voltou.

Jasão e Medeia, depois desse crime, foram banidos de Iolcos e se retiraram em Corinto, onde viveram algum tempo até o dia em que o rei do país, Creonte, quis dar a própria filha em casamento a Jasão. Medeia fingiu desaparecer, mas entregou à rival um vestido impregnado de venenos que ficou em brasa e pôs fogo em todo o palácio. Medeia, para completar sua vingança, matou os filhos que tivera com Jasão e fugiu em uma quadriga voadora. No final de sua vida, depois de uma estadia em Atenas junto a Egeu, pai de Teseu, nós a veremos outra vez em Cólquida, onde devolve a Eedes o reino que tinha sido usurpado pelo irmão Perses.

O ciclo tebano tem menos unidade e não se apresenta sob a forma de um relato corrido, mas de episódios bastante desordenados. O primeiro se situa na Síria, com o rapto de Europa. Europa era filha do rei de Tiro, Agenor. Um dia em que ela brincava na praia com as amigas, um touro saiu das ondas e veio se deitar a seus pés. Europa, de início assustada, tomou coragem, acariciou o animal e se sentou sobre seu dorso. Imediatamente o touro se levantou e se atirou com ela dentro do mar. E assim os dois chegaram a Górtina, em Creta, onde o touro mudou de forma: era Zeus que, enamorado por Europa, imaginara o estratagema para raptá-la. Europa deu três filhos ao amante: Minos, Sarpédon e Radamante. Nesse ínterim, Agenor mandara seus filhos à procura da irmã, proibindo-os de se apresentar diante dele antes de encontrá-la. Um dos filhos de Agenor era Cadmo, que de tanto vaguear e se desesperar para trazer Europa de volta, resolveu consultar o oráculo de Delfos. A Pítia lhe recomendou que abandonasse a busca estéril e que fundasse uma cidade. Para determinar o local da cidade, ele deveria seguir uma vaca "que tivesse o sinal da lua" até que ela desabasse, esgotada. Enquanto atravessava a Fócida, viu uma vaca marcada no dorso com um crescente branco. O animal o atraiu até a Beócia, ao local onde mais tarde se ergueria Tebas. Ali havia uma fonte que se chamava fonte de Ares. Era guardada por um dragão, que Cadmo na mesma hora teve que matar. Então Atena lhe apareceu e o aconselhou a semear na terra os dentes do monstro. Da terra brotaram guerreiros em armas que começaram a se matar uns aos outros. Somente cinco sobreviveram e fundaram a raça dos *Spartoi* (os Homens semeados). Como penitência pela morte do dragão, Cadmo teve que trabalhar durante sete anos como escravo de Ares. Terminada a provação, casou-se com grande pompa com uma filha de Ares e Afrodite, a divina Harmonia, a ele destinada como esposa pelo próprio Zeus.

Perto do final de suas vidas, Cadmo e Harmonia deixaram Tebas para os filhos e partiram para Ilíria, onde Cadmo reinou sobre o povo dos enqueleus. Em seguida foram transformados em serpentes, e foi sob essa forma que chegaram aos Campos Elíseos.

A dinastia de Cadmo foi continuada por seu neto Lábdaco e depois pelo filho deste, de nome Laio. Durante a menoridade de Laio, o reino de Tebas caiu nas mãos de usurpadores, e Laio teve que se exilar em Élida, junto ao rei Pélops. Foi em Élida que ele se apaixonou pelo filho do rei, o jovem e belo Crisipo, inventando os amores antinaturais. Pélops o amaldiçoou e o expulsou. Os usurpadores foram mortos na mesma ocasião, e Laio voltou a Tebas e recuperou seu reino. Porém, carregava consigo a maldição de Pélops. O oráculo lhe revelara que ele estava para sempre proibido de engendrar um filho. Se o fizesse, a criança que teria iria matá-lo e seria a causa das mais pavorosas desgraças para toda a família. Laio não deu ouvidos e engendrou Édipo. Mas, não querendo negligenciar o presságio ameaçador, ordenou que a criança fosse largada na montanha. Furou os tornozelos dela e juntou-os com uma correia; foi do inchaço causado por esse ferimento que resultou o nome da criança. Édipo significa, com efeito, "pés inchados". No entanto, Édipo não morreu, como desejava seu pai. Foi recolhido por pastores do rei de Corinto (ou de Sicione), Políbo, e criado em sua corte, acreditando firmemente que Políbo e a mulher, Peribeia, eram seus verdadeiros pais. A crença durou até o dia em que um Coríntio que discutia com o rapaz revelou-lhe que ele era apenas uma criança achada. Édipo decidiu ir a Delfos interrogar o oráculo e saber a verdade. E foi durante a viagem que se realizou a antiga predição, pois, no cruzamento de Potniai, ele encontrou o rei Laio em um local onde o caminho se estreitava. O arauto de Laio intimou-o a deixar o caminho livre e, como Édipo não se apressasse a obedecer, abateu um de seus cavalos. Édipo, furioso, matou o arauto e seu senhor.

Ignorando inteiramente a extensão de seu crime, prosseguiu no caminho para Tebas. Lá chegando, viu-se na presença da Esfinge, monstro metade leão metade mulher que propunha enigmas aos passantes e devorava quem não conseguisse respondê-los. Édipo resolveu os enigmas e, despeitada, a Esfinge se atirou sobre os rochedos e se matou. Como reconhecimento, os tebanos adotaram o estrangeiro como rei e lhe deram em casamento a mulher de Laio, Jocasta. Mas uma peste se abateu sobre a cidade. O oráculo, ao ser consultado, revelou que ela só cessaria uma vez punido o assassinato de Laio. Pouco a pouco, a verdade surgiu. Édipo, em desespero, cegou-se. Jocasta se enforcou. Contudo, a maldição ainda não esgotara seus efeitos, e a geração seguinte assistiu a uma assustadora série de catástrofes.

Édipo, depois de se privar da visão, partira em exílio voluntário acompanhado somente de Antígona, sua filha mais moça. Retirara-se em Colona, na Ática, sob a proteção de Teseu, deixando em Tebas seus dois filhos, Etéocles e Polínice, que decidiram reinar alternativamente. Etéocles tomou o poder em primeiro lugar. Polínice afastou-se e, ao voltar, no final de um ano, Eteócles recusou-se a lhe ceder o lugar. Então Polínice, expulso de sua pátria e de sua classe, fugiu para Argos, para junto de Adrasto, e tratou de reunir um exército para recuperar seus direitos. Foi a origem da Guerra dos Sete Chefes contra Tebas.

Do exército de Polínice faziam parte, além de Adrasto, Tideu, de Cálidon, que também estava no exílio, Capaneu e Hipomedonte, dois argianos, Partenopeu, um arcadiano filho de Melânio e da caçadora Atalanta, e, por último, o adivinho Anfiarau, que também pertencia à família real de Argólida. Anfiarau sabia perfeitamente, através de sua arte, que a expedição resultaria em um desastre, mas foi obrigado a participar dela por sua mulher Erifila, a cujas decisões ele jurara obedecer, e que fora corrompida por Polínice, que lhe oferecera o colar divino usado por Harmonia na ocasião de suas bodas com Cadmo.

A caminho, os sete chefes fundaram os jogos Nemeeus; depois se apresentaram diante de Tebas. Cada um recebeu a missão de atacar uma das sete portas da cidade. No assalto, seus exércitos inteiros foram aniquilados. Somente Adrasto conseguiu se salvar, graças à rapidez de seu cavalo Aréion. Polínice caiu, assim como Etéocles. Um irmão matara o outro.

Creonte, irmão de Jocasta, continuava a ser o dono da situação. Ordenou que se rendessem homenagens fúnebres aos tebanos, sobretudo a Etéocles, mas que se largassem no local os corpos dos inimigos. Antígona se recusou a deixar sem sepultura o corpo de seu irmão Polínice. Ela tomou a iniciativa de espalhar um pouco de poeira sobre o cadáver, gesto ritual suficiente para cumprir a obrigação religiosa. Por esse ato de piedade, foi condenada à morte por Creonte e encerrada viva dentro da tumba dos labdácidas[22]. Ela se enforcou na prisão e Hêmon, seu noivo, filho de Creonte, matou-se sobre seu cadáver.

Contudo, as provações de Tebas não tinham terminado. Os filhos dos sete chefes retomaram a dissensão de seus pais, instigados por Adrasto. Organizou-se a expedição dos Epígonos[23], conduzida por um exército menor, mas com melhores presságios. Tebas foi tomada, seus habitantes evacuaram a cidade e durante algum tempo ela desapareceu da lista das cidades gregas. Verificou-se que o Catálogo de Navios, na *Ilíada*, não menciona Tebas, mas somente a baixa Tebas, um estabelecimento evidentemente posterior à ruína da cidadela. E a tradição dizia, com efeito, que a guerra dos Epígonos ocorrera pouco tempo antes da expedição dos Atrides contra Troia.

O ciclo dos Atrides também é ligado a Pélops, e a maldição deste último é ainda a origem das catástrofes que marcam seu desenvolvimento.

Atreu é filho de Pélops e de Hipodâmia. Através deles, descende de Tântalo e, indiretamente, de Zeus. Tem vários irmãos, mas por um mais novo, que se cha-

---

22. Labdácidas: descendentes de Lábdaco, rei lendário da antiga Tebas. (N.T.)

23. Epígonos: cada um dos descendentes dos sete chefes gregos que morreram durante a primeira guerra contra Tebas. (N.T.)

ma Tiestes, Atreu nutre um ódio incontrolável. Ódio que é precisamente o resultado da maldição paterna. Atreu e Tiestes, instigados por Hipodâmia, tinham matado o mais jovem de seus irmãos, Crisipo – aquele que Laio amara – e, como punição, foram amaldiçoados e banidos pelo pai. Fugindo de Pisa, refugiaram-se em Micenas, junto a Estênelo, que lhes entrega uma parte da Argólida, a cidade de Mideia. Mais tarde, quando morre Euristeu, filho de Estênelo, os habitantes de Micenas decidem escolher para rei um dos dois filhos de Pélops. Diante deles, Atreu e Tiestes se empenham em enumerar os respectivos direitos à realeza. Atreu encontrara no passado, em um rebanho, um cordeiro cujo velo era de ouro. Com o maior cuidado, trancara o velo dentro de uma arca. Quando Tiestes propôs que se escolhesse para rei aquele que, dos dois, conseguisse produzir um velo de ouro, Atreu, sem desconfiança, aceitou; ele ignorava que sua mulher, Aérope, que era amante de Tiestes, roubara o velo para dá-lo de presente ao amante. Tiestes, então, exibira o velo e fora eleito. Contudo, um novo prodígio – o sol que se pôs no leste – revelou que a vontade dos deuses destinava o poder a Atreu, que, no final, suplanta o irmão. Desse dia em diante, estabelece-se entre eles uma luta secreta. Atreu mata três filhos que Tiestes teve com uma Náiade e manda servi-los num banquete ao pai. Depois que Tiestes come, ele lhe mostra as cabeças dos filhos e revela a natureza da refeição que Tiestes acaba de fazer. Depois o bane. Tiestes refugia-se em Sicione e só pensa em vingança. Seguindo o conselho de um oráculo, une-se à própria filha, Pélope, sem lhe revelar quem a seduzira, e com ela tem um filho que se chama Egisto. Depois faz com que Pélope se case com o tio. Atreu cria o pequeno Egisto sem que ele saiba qual dos dois é seu pai e, depois que Egisto cresce, é a ele que confia a missão de matar Tiestes. Mas Egisto descobre a tempo o segredo de seu nascimento e evita o parricídio. Retornando a Micenas, mata Atreu e entrega o reino a Tiestes.

Atreu deixou dois filhos, Agamenon e Menelau, os *Atrides* da epopeia e dos trágicos. Com essa geração, o ciclo começa a descrever a aventura troiana, mas o tema dominante, o ódio entre os dois filhos de Pélops, não foi extinto e ainda vai provocar muitas catástrofes. Agamenon começa a perseguir a descendência de Tiestes. Um dos filhos deste, chamado Tântalo, como seu bisavô, casara-se com Clitemnestra, uma das filhas de Tíndaro. Agamenon mata Tântalo, bem como o filho recém-nascido que Clitemnestra dera ao marido, e em seguida se casa com ela. Essa união, estreando sob tão deploráveis auspícios, não podia resultar senão em tragédia, e, finalmente, será Egisto o causador da morte de Agamenon.

Menelau, irmão de Agamenon, quis logo depois se casar com Helena, irmã de Clitemnestra. Segundo os homens, Helena era filha de Tíndaro, que reinava em Esparta, e de Leda, mas todos sabiam que na realidade ela nascera de um ovo – posto ou apenas chocado por Leda – e que seu pai verdadeiro era Zeus, que se unira à mãe dela sob a forma de um cisne. Filha de Zeus, Helena era naturalmente belíssima, e todos os príncipes da Grécia pretendiam sua mão. Por sugestão de Ulisses, Tíndaro pediu a todos os pretendentes que se comprometessem por juramento a apoiar aquele que, entre eles, Helena escolhesse. Então Helena escolheu Menelau, que era muito mais rico do que todos os outros.

Durante algum tempo, Helena viveu tranquilamente em Esparta e deu ao marido uma filha, que se chamou Hermíone. Porém, por essa época, surgiu uma contestação no Olimpo entre as deusas. Éris (a Discórdia) lançara uma maçã de ouro dentro da assembleia dos deuses dizendo que ela deveria ser concedida "à mais bela" das três deusas, Atena, Hera e Afrodite. Ninguém no Olimpo quis tomar a decisão de escolher uma delas. Zeus encarregou Hermes de levá-las até o Ida de Trôade, onde Páris, um pastor, filho do rei Príamo, tomava conta de seus rebanhos. Uma de cada vez, as três deusas defenderam a própria causa diante dele, todas elas lhe fazendo promessas. Hera prometeu entregar a ele o império da Ásia inteiro; Atena ofereceu a sabedoria e a vitória nos combates. Afrodite contentou-se em prometer o amor de Helena de Esparta. Páris decidiu que ela era a mais bela. Foi assim que o Frígio chegou à corte de Menelau, onde foi recebido com grandes honras; e, como Menelau precisava ir a Creta para os funerais de seu avô Catreu, confiou o hóspede à mulher. Helena, pela vontade de Afrodite, deixou-se seduzir e, reunindo todos os tesouros que pôde, partiu para Trôade abandonando a pequena Hermíone.

Menelau, ao voltar, alertou o irmão, e os dois decidiram lembrar aos príncipes gregos o juramento que tinham prestado. Os chefes se reuniram, cada um com um contingente, para ir a Troia reclamar Helena, e Agamenon foi eleito "rei dos reis". Uma primeira expedição fracassou. Os gregos ignoravam o caminho de Troia e desembarcaram na Mísia. Os habitantes, conduzidos por seu rei Télefo, os dispersaram, e cada um voltou para sua cidade. Mas, oito anos mais tarde, Agamenon conseguiu reunir um novo exército, que se concentrou em Aulis. No entanto, o mar continuava fechado aos navios, e os ventos favoráveis não sopravam. Interrogado, o adivinho Calcas respondeu que o motivo era a ira de Artemis, seja porque Agamenon, num dia em que matara uma corça durante uma caçada considerou que a deusa não teria feito melhor do que ele, seja porque no passado Atreu não sacrificou à deusa o cordeiro de ouro que ele achara no meio do rebanho. De uma forma ou de outra, a deusa pedia um sacrifício. Ela exigia que se imolasse diante de seu altar uma das filhas de Agamenon, Ifigênia. Agamenon consentiu; o sacrifício foi realizado, embora uma versão suavizada da lenda relate que a deusa, no último momento, substituiu a menina por uma corça, levando a jovem para um de seus santuários de Táurida, onde a fez sua sacerdotisa.

A frota pôde enfim levantar âncora e alcançar Trôade. A guerra durou dez anos. Nos nove primeiros anos, ela apenas se arrastou. Um oráculo interpretado por Calcas não anunciara que ela iria durar dez anos? No décimo ano, Agamenon e um chefe tessálio, Aquiles, filho de Peleu e da deusa marinha Tétis, entregaram-se a diversas operações de pirataria contra as cidades da vizinhança. Entre outras presas, eles trouxeram duas cativas, Briseida e Criseida. A primeira foi atribuída a Aquiles; a segunda, a Agamenon. Acontece que o pai desta última, Crises, era sacerdote de Apolo. Ele suplicou a seu deus que fizesse com que a moça fosse devolvida. Apolo, embora naturalmente favorável aos aqueus, enviou a peste ao campo dos sitiantes. E Calcas revelou que a prisioneira teria que ser restituída a Crises. Agamenon consentiu, mas exigiu Briseida. Aquiles foi tomado por violenta cólera. Só obedeceu por obrigação ao rei dos reis, mas decidiu não combater mais. Os sucessos obtidos pelos troianos não foram suficientes para mudar sua resolução, tampouco as embaixadas enviadas por outros chefes. Isso durou até o momento em que os troianos estavam em vias de incendiar e destruir os navios de seus inimigos. Assustado com o perigo, Pátroclo, amigo íntimo de Aquiles, obteve dele a permissão para tomar seu lugar no campo de batalha. Aquiles chegou até a lhe emprestar as próprias armas. Acreditando estar vendo Aquiles em pessoa, os troianos refluíram, mas depois voltaram à carga, e Pátroclo foi morto. Então Aquiles se imbuiu do desejo de vingança. Sozinho, sem armas, saiu de seu reduto, e apenas sua presença fez retroceder o assaltante. O corpo de Pátroclo foi recolhido, e seu amigo lhe proporcionou funerais solenes. Nesse entretempo, Tétis trouxe novas armas divinas para o filho, e o combate recomeçou. Pouco tempo depois, Aquiles, que expulsara os troianos e os obrigara a voltar para o abrigo de suas muralhas, viu-se sozinho diante de Heitor, o mais valente dos filhos de Príamo e o verdadeiro esteio da força troiana. Zeus, no Olimpo, pôs na balança a sorte dos dois homens. A de Heitor era a mais pesada e fez com que o prato alcançasse o Hades. A lança de Aquiles atingiu o troiano, que morreu profetizando a seu inimigo que ele não tardaria a segui-lo nos Infernos. Aquiles não deu importância, prendeu o cadáver na quadriga e o arrastou por três vezes em torno da cidade. Dali em diante, Troia estava perdida. Aquiles foi morto por uma flecha de Páris (dirigido por Apolo), mas seu filho, Neoptólemo, foi chamado para substituí-lo. Ao mesmo tempo, mandam vir Filoctetes, que foi quem deteve as flechas de Hércules, sem as quais os adivinhos declaravam que a cidade não poderia ser tomada. Depois os gregos descobriram os ossos de Pélops, talismãs necessários à vitória, e, finalmente, Ulisses, disfarçado de trânsfuga, introduziu-se na cidade sitiada e roubou o Paládio. Cumpridas todas essas condições, imaginou-se um último estratagema. Os gregos fingiram se retirar; embarcaram ostensivamente, mas deixaram na praia um enorme cavalo de madeira. Depois foram se emboscar atrás da ilha de Tenedos, à vista de Trôade. Tinham, ao mesmo tempo, deixado lá um dos seus, Sínon, que voluntariamente se deixou prender pelos troianos e se fez passar por uma vítima de Ulisses. Ele revelou que o cavalo de madeira era uma oferenda dos gregos à deusa Atena e que tinha sido construído daquele tamanho para impedir que os troianos conseguissem fazê-lo entrar na cidade, pois, ele acrescentara, se o cavalo transpusesse as muralhas, Troia ficaria inexpugnável. A maior parte dos troianos acreditou, apesar dos avisos de Laocoonte, um sacerdote de Apolo. Porém, durante um sacrifício celebrado por Laocoonte, duas serpentes saíram do mar e o devoraram, assim como a seus dois filhos. Depois disso, os troianos não mais hesitaram: demoliram a muralha e fizeram o cavalo entrar na cidade. Sínon, ou talvez a própria Helena, fez com uma tocha o sinal combinado. A frota retornou para Trôade, e os gregos atacaram de todas as partes, enquanto os soldados, escondidos no interior do cavalo, saíam de dentro dele e tomavam as portas.

Depois da vitória, deu-se o retorno do exército. A maior parte dos contingentes voltou em grupos, mas seus navios naufragaram no cabo Cafareu, na Eubeia. Somente alguns chefes escaparam. Os que chegaram sãos e salvos a suas pátrias encontraram-nas em desordem. Suas mulheres não tinham suportado a ausência deles. Foi o caso de Clitemnestra. Por muito tempo ela fora fiel ao marido apesar de suas mágoas, mas terminou escutando a voz de Egisto e, quando Agamenon voltou, tomou a decisão de matá-lo. Teve certeza de sua resolução quando soube que ele estava acompanhado de cativas troianas, sobretudo de Cassandra, uma das filhas de Príamo. Durante um banquete, com a ajuda de Egisto, mandou assassiná-lo. A descendência de Tiestes parecia vencer definitivamente a de Atreu. Contudo, a geração seguinte iria levar ao máximo todos os horrores: Orestes, filho de Agamenon, escapara do massacre que se seguiu à morte do pai. Quando atingiu a idade adulta, recebeu de Apolo a ordem de vingar Agamenon. Acompanhado do amigo Pílades, foi a Argos e matou Egisto e Clitemnestra. Assassino da própria mãe, foi perseguido pelas Erínias e começou a errar por toda a Grécia. Finalmente, em Atenas, submeteu-se ao julgamento do tribunal do Areópago. O caso era difícil: os votos dos juízes se dividiram, mas a deusa Atena, que presidia, juntou o seu ao dos que se inclinavam pela clemência, e Orestes foi absolvido. Mesmo assim, teve que se afastar. A lenda o mostra em Táurida, junto da irmã. Os dois, depois de um reconhecimento dramático, decidem voltar à Grécia e levam com eles a estátua milagrosa de Artemis, da qual Ifigênia era sacerdotisa. Orestes teve uma longa vida como rei de Argos, e os romanos pretendiam que suas cinzas repousavam ao pé do Capitólio, sob o templo de Saturno. O tronco familiar de Atreu vencera definitivamente o de Tiestes.

O mais célebre dos *Retornos* é o de Ulisses; ele foi longamente relatado na *Odisseia*, mas, de novo, o poema homérico negligenciou um certo número de tradições e episódios que ficamos conhecendo por outras fontes.

Por seu pai, Laerte, Ulisses descende de Éolo, e conta com Hermes em sua linhagem materna. Uma tradição isolada diz que, antes do casamento com Laerte, sua mãe teria se entregado a Sísifo, o mais pérfido e astucioso dos mortais. Ulisses nasceu em Ítaca, que é uma pequena ilha vizinha de Corfu, onde terminou sucedendo ao pai quando o velho, cansado, retirou-se para o interior e renunciou às funções reais. Ulisses foi um dos pretendentes de Helena, mas logo desapareceu e acabou obtendo a mão de Penélope, uma Perseida, prima-irmã de Clitemnestra e Helena. Desse casamento nasceu um filho chamado Telêmaco. Na ocasião do rapto de Helena, Ulisses, ligado pelo juramento, não pôde se furtar à obrigação de participar da expedição contra Troia. Foi quando passou a ser o encarregado de todas as missões delicadas do exército aqueu: embaixadas, operações de "informação", espionagem, estratagemas de guerra, chegando até a traição pura e simples. Tanto que, no final da guerra, quando se quis atribuir as armas de Aquiles ao grego que tivesse causado mais estragos ao inimigo, prisioneiros troianos consultados a respeito votaram unanimemente em Ulisses. Foi ele que carregou o Paládio ao penetrar na cidade. Atribui-se a ele também a invenção do cavalo de Troia e de toda a maquinação que culminou no assalto final. Ulisses comandou o destacamento preso dentro do cavalo, pois ele não temia se expor pessoalmente ao perigo e foi um temível campeão no campo de batalha. Mas sua glória verdadeira começou com seu retorno a Ítaca.

Separado do resto da frota pela tempestade, Ulisses, com seus doze navios, abordou na Trácia, no país dos Cícones. Durante um reide digno de piratas, seus homens e ele devastaram a cidade, poupando apenas o sacerdote de

Apolo, Maron, que lhe entregou como recompensa doze jarras de um vinho doce e forte. Um contra-ataque dos Cícones obrigou os pilhadores a voltar para o mar. Um vento do norte levou-os à vista de Cítara, e pouco tempo depois eles abordaram no país dos Comedores de Loto: alguns homens da tripulação experimentaram o loto, um fruto mágico que lhes tirou toda vontade de partir de novo. Ulisses teve que levá-los à força. Em seguida os navios chegaram ao país dos Ciclopes, identificado desde sempre com a Sicília. Acompanhado de doze homens, Ulisses desembarcou e entrou em uma caverna. Teve o cuidado de levar consigo uma jarra do vinho de Maron. Dentro da caverna, havia potes cheios de leite e queijos; mas, quando o proprietário voltou acompanhado de um rebanho de carneiros, os gregos se viram na presença de um gigante de um olho só, redondo, no meio da testa. O Ciclope, que se chamava Polifemo, primeiro fechou a saída da gruta e depois se preparou para devorar os estrangeiros. Ulisses lhe ofereceu vinho. Polifemo, que nunca tinha bebido vinho, achou-o delicioso e bebeu-o em excesso. Dormiu pesadamente em cima das peles de animal. Então Ulisses afiou uma estaca, endureceu-a no fogo e a enfiou no único olho do Ciclope. Depois, pela manhã, quando a caverna se abriu, fugiu com seus companheiros, disfarçando-se sob o ventre dos carneiros.

Livre do Ciclope, Ulisses chegou à terra de Éolo, o Dono dos Ventos. Éolo o acolheu com hospitalidade e lhe deu um odre que mantinha presos todos os ventos, deixando fora apenas a brisa favorável que o conduziria a Ítaca. Os marinheiros já conseguiam avistar os fogos acesos pelos pastores no alto das colinas de sua pátria quando Ulisses adormeceu. Seus homens, imaginando que o odre continha tesouros, abriram-no, e todos os ventos escaparam. A frota foi empurrada na direção oposta e foi parar de novo, no dia seguinte, na terra de Éolo. Este se recusou a acolher Ulisses uma segunda vez. Os deuses tinham provado muito claramente que não desejavam seu retorno à pátria, e Éolo não podia fazer nada por ele. Cheio de tristeza, Ulisses retomou os caminhos do mar. Abordou na terra dos lestrigões, um povo de antropófagos, situada nas proximidades de Formigas, sobre a costa da Campania, onde passou por enormes dificuldades. Todos os navios se quebraram, menos o que o levava. Ele tornou a percorrer a costa italiana e foi dar na ilha de Aea (provavelmente o promontório do Monte Circeo, ao sul do Latium), no país da feiticeira Circe. A feiticeira tinha o costume de metamorfosear todos os estrangeiros que se apresentavam em sua casa. A um primeiro grupo de companheiros de Ulisses coube essa terrível sorte, e Ulisses se perguntava como livrá-los quando Hermes apareceu para ele e lhe entregou um ramo da planta (o *moli*) que o protegeria dos sortilégios. Assim armado, ele obrigou Circe a devolver a forma anterior a seus companheiros e passou com ela um ano inteiro. Ao partir, deixou-lhe um filho, Telégono (o que foi engendrado longe).

Circe aconselhou o amigo a ir ao país dos Cimérios para consultar a alma do adivinho Tirésias. Tirésias, evocado do meio dos mortos, informou a Ulisses que ele voltaria à sua pátria sozinho em cima de um barco estrangeiro. Tempos depois, ele iria tornar a partir, com um remo às costas, à procura de um povo que ignorava a navegação. Iria oferecer um sacrifício a Posídon e finalmente morreria com idade avançada, feliz e longe do mar. Assim advertido, Ulisses voltou ao mar. Passou ao longo dos recifes das Sereias, ordenando que o amarrassem aos mastros para resistir à atração de seus cantos. Entre Caribde e Cila perdeu ainda alguns companheiros devorados pelos monstros, mas afinal conseguiu chegar à ilha de Trinácia, onde pastavam os bois do Sol. Esses animais eram sagrados, sendo proibido pôr a mão neles. Mas a calmaria se estabeleceu sobre o mar e os víveres escassearam por completo. Os marinheiros resistiram algum tempo, mas no final não conseguiram mais se controlar e, durante o sono do chefe, devoraram um dos bois. O sacrilégio iria causar sua desgraça. Ao retomarem a viagem, uma tempestade se formou, e Zeus, com seu raio, destruiu o navio. Apenas Ulisses conseguiu escapar, agarrado a um destroço. Sacudido durante nove dias em cima das ondas, chegou semimorto à ilha de Calipso (provavelmente sobre a costa marroquina, diante de Gibraltar). Foi recolhido pela Ninfa, que o amou e o manteve junto dela por dez anos. No final, graças às preces de Atena, que protegia Ulisses, Zeus enviou a Calipso a ordem de deixá-lo ir. Ulisses construiu uma jangada e partiu para o oeste. Estava quase chegando em sua pátria quando Posídon lhe impôs uma última prova. Uma tempestade quebrou a jangada, e Ulisses com muita dificuldade conseguiu chegar, inteiramente nu, à ilha dos Feácios (provavelmente a ilha de Corfu). Esgotado, adormeceu em uma mata e no dia seguinte foi acordado pelos gritos de um grupo de moças. Era Nausícaa, filha do rei Alcínoo, e suas servas, que tinham ido lavar roupa e brincar na beira da água. Graças a elas, Ulisses chegou ao palácio do rei, onde foi recebido com grande cortesia. Alcínoo lhe propiciou um meio de voltar para sua pátria. Um navio feácio o depositou, dormindo, em uma praia de Ítaca, deixando junto dele grandes presentes. Quando despertou, Ulisses decidiu não ir imediatamente para o palácio. Foi primeiro à casa de Eumeu, o chefe de seus porqueiros e, fazendo-se reconhecer, elaborou um plano para retomar o poder. Na sua ausência, 108 jovens da vizinhança tinham se instalado em sua residência, onde organizavam festins e devoravam suas provisões, além de pressionar Penélope a escolher entre eles um novo marido. Penélope resistira até então. Pretextara a necessidade de tecer para Laerte uma mortalha, mas ela desfazia de noite o trabalho feito durante o dia. A artimanha fora descoberta, e os pretendentes exigiam que ela escolhesse um deles. Ulisses, com a ajuda de Telêmaco, apresentou-se no palácio com o aspecto de mendigo; foi em busca de armas e, depois de recuperar seu arco, que só ele podia brandir, massacrou sem piedade todos os pretendentes enquanto eles se banqueteavam. No dia seguinte, os pais das vítimas foram protestar, mas, graças à intervenção de Atena, a paz voltou bem depressa a Ítaca.

Tal é o relato homérico. Mas existem outros epílogos para a aventura, acrescentados à predição de Tirésias. Mostram-nos Ulisses em Épiro, no país dos tesprótios. A rainha do país, Calídice, ofereceu-lhe seu reino sob a condição de que ele ficasse com ela. Ulisses concordou, mas, quando ela morreu, ele partiu, voltando para Ítaca. Mostram-no também na Etólia, junto de Toas, filho de Andrêmon, ou então na Itália, onde teria participado com Eneias da fundação de Roma. Parece que muito cedo Ulisses teria sido adotado pelas tradições populares italianas, especialmente entre os etruscos, que lhe davam o nome de *Nanos*, o que, em sua língua, significa *o errante*.

Ao lado desses ciclos épicos, e contrastando com eles, as aventuras e as proezas de Hércules se apresentam como um complexo no qual se justapõem elementos muito diversos, desde contos folclóricos semelhantes aos que encontramos nos ciclos precedentes (sobretudo o de Ulisses) até mitos etiológicos de origem evidentemente religiosa. Os dórios consideram Hércules seu patrono, mas isso não significa que sua lenda seja dória. Ela está ligada, ao contrário, como os ciclos precedentes, à Grécia aqueia e micênica. Por sua descendência, Hércules é um argiano, uma vez que sua mãe, Alcmena, e seu pai "mortal", Anfitrião, são ambos perseidas. Mas ele não nasceu em Tirinto, embora sua família seja originária dessa cidade e sua lenda o associe a ela. Anfitrião, depois de matar acidentalmente o sogro, Electrião, foi obrigado a fugir para Tebas. Lá, enquanto estava ocupado com uma expedição contra os telebenos, Zeus tomou seu lugar e durante uma noite que durou três vezes mais do que uma noite comum, engendrou um filho. Anfitrião, ao voltar para junto da mulher, engendrou outro filho. As duas crianças nasceram juntas. Foram Hércules, filho de Zeus, e Íficlo, filho de Anfitrião.

Na sua alegria, Zeus afirmara imprudentemente, pouco depois do nascimento de Hércules, que a criança "que ia nascer da raça dos perseidas reinaria sobre Argos". Na mesma hora, Hera, enciumada, fez com que o nascimento da criança fosse retardado, ao mesmo tempo em que o de seu primo, Euristeu, filho de Estênelo, fosse antecipado. E assim Euristeu nasceu de sete meses, ao passo que Hércules ficou dez meses no ventre da mãe. Porém, obrigado pelas palavras de Zeus, Hércules tornara-se, naquele momento, por toda a vida, escravo de Euristeu.

Quando a criança completou oito meses, Hera tentou matá-la; introduziu no quarto dela duas serpentes enormes. Sem hesitar, Hércules ergueu-se no berço e asfixiou os monstros. Foi criado de acordo com a tradição da educação helênica. Deram-lhe como professor de música Lino, para que lhe ensinasse os rudimentos. Mas Hércules era indócil e desajeitado e, um dia em que Lino tentou corrigi-lo, apanhou seu tamborete (outros dizem que foi a lira) e quebrou-o no crânio do mestre. Anfitrião decidiu deixar aquele filho problemático no campo, onde foi encarregado de cuidar do rebanho. Aos dezoito anos, Hércules, que alcançara a altura extraordinária de três metros, matou o leão de Citeron. Foi sua primeira façanha. Ele fez isso a pedido do rei Téspio e, durante todo o tempo que durou a caça, dormiu à noite no palácio do rei. Téspio, que tinha cinquenta filhas, fez com que, a cada noite, uma moça diferente fosse para a cama do herói. Hércules se uniu a todas e, por estar tão cansado por causa da caça do dia, acreditou ter se unido todas as noites com a mesma. Teve com elas cinquenta filhos, os tespíadas, os quais mais tarde colonizaram a Sardenha.

Depois de caçado o leão de Citeron, Hércules livrou a cidade de Tebas de um tributo imposto pela gente de Orcômeno. Na batalha, Anfitrião foi morto ao lado do filho. Para agradecer a Hércules, o rei de Tebas, Creonte, deu-lhe em casamento sua filha mais velha, Mégara. Mégara teve muitos filhos, mas logo em seguida Hera inoculou em Hércules a loucura, e ele matou os filhos. Ao voltar a si, horrorizou-se com o próprio crime e renunciou a Mégara e, por ordem da deusa, colocou-se desde então a serviço de Euristeu.

Euristeu lhe impôs sucessivamente doze trabalhos. Primeiro teve que vencer o leão que, na Nemeia, fazia toda espécie de devastação e era invulnerável. Hércules asfixiou-o com os braços e, depois que o animal morreu, arrancou-lhe a pele e se envolveu com ela. A cabeça lhe serviu de capacete. Euristeu, vendo aqueles despojos, ficou tão assustado que proibiu Hércules de voltar a entrar na cidade, obrigando-o no futuro a depositar seu butim diante das portas.

Depois houve o combate contra a Hidra de Lerna, uma serpente cujas cabeças, múltiplas, tornavam a brotar à medida que eram cortadas. Ajudado pelo sobrinho Iolau, filho de Íficlo, Hércules cortou as cabeças do monstro e queimou as carnes, o que as impediu de tornar a crescer.

O terceiro trabalho consistiu em trazer vivo um javali que vivia no alto do monte Erimanto. Hércules o caçou na neve, cansou-o e pôde assim capturá-lo. Ao ver o animal, Euristeu foi se esconder dentro de uma jarra de bronze no fundo do palácio, de tão assustado que ficou.

Depois Euristeu desejou a corça sagrada do monte Cerineu. Era um animal de grande rapidez, de cornos dourados e, no passado, consagrado pela ninfa Taigete a Artemis. Hércules perseguiu-a um ano sem alcançá-la. Por fim, ele a feriu ligeiramente com uma flecha e pôde agarrá-la.

Em volta do lago Estínfalo, na Arcádia, existia uma densa floresta cheia de aves que, no passado, tinham fugido de uma invasão de lobos e se multiplicado de maneira extraordinária. Como elas se constituíam em um flagelo para a região circundante, Euristeu ordenou que Hércules as destruísse. Para fazê-las sair ao mesmo tempo das moitas, o herói recorreu a castanholas de bronze, que ele mesmo fabricara, ou então que Atena teria lhe dado de presente. As aves ficaram com medo, deixaram seus esconderijos e foram abatidas a flechadas.

Em Élis vivia o rei Áugias, que possuía inúmeros rebanhos, mas era muito negligente, deixando o esterco se acumular nos estábulos. Hércules foi encarregado por Euristeu de limpar a propriedade de Áugias. Ele conseguiu, desviando para o estábulo as águas dos rios Alfeu e Peneu.

Os trabalhos seguintes nos levam para fora do Peloponeso e alargam a área da lenda. Primeiro foi a captura do touro de Creta. O touro, o que havia raptado Europa e do qual Zeus adquirira a forma, tornara-se furioso e causava estragos em toda a ilha. Hércules capturou-o, voltou à Grécia em cima de seu dorso, a nado, e entregou o animal a Euristeu. Euristeu ofereceu a Hera aquela vítima de qualidade, mas ela não aceitou, e o touro, deixado em liberdade, foi para Ática, onde seria finalmente capturado por Teseu.

Havia na Trácia um rei chamado Diomedes, que alimentava seus jumentos com carne humana. Hércules foi à sua corte e o deu de comer aos animais. Foi seu oitavo trabalho.

A filha de Euristeu, Admetes, queria possuir o cinto da rainha das Amazonas. As Amazonas eram uma população de mulheres guerreiras que viviam no interior da Ásia. Descendiam do deus Ares. Hércules recebeu a missão de satisfazer o capricho de Admetes. Hipólita, a rainha das Amazonas, consentiu de boa vontade em lhe dar o próprio cinto, mas uma disputa explodiu entre as Amazonas e o pessoal do séquito de Hércules. Começou a batalha. Hércules se sentiu traído e matou a rainha.

Pouco a pouco, Euristeu impunha a seu servidor provas cada vez mais longínquas. Ordenou-lhe que fosse buscar os bois de Gerião. Este último, filho de Crisaor e descendente da górgona Medusa, possuía grandes rebanhos guardados por seu pastor, Êurito, na ilha de Erítia, a Ilha Vermelha, no país do poente. A dificuldade consistia em transpor o Oceano. Hércules pediu ao Sol a grande taça sobre a qual, todas as noites, ele embarcava para voltar ao Oriente. O Sol consentiu, e Hércules alcançou o país de Gerião. Massacrou Êurito e seu cão, Ortro, e voltou tocando o rebanho à sua frente. Acrescentou-se a esse retorno grande número de aventuras destinadas a explicar particularidades locais: na mesma ocasião, o herói teria erguido, de um lado e de outro do estreito de Gibraltar, duas colunas, as "Colunas de Hércules"; ao atravessar o país dos Lígures, foi atacado por salteadores. Para socorrê-lo, Zeus fez cair uma chuva de pedras, que permanecem até hoje sobre as terras da planície de Crau. Hércules continuou a percorrer as costas do mar Tirreno. Viu-se numa noite à beira do Tibre, no local onde um dia se elevaria Roma. Ali, um salteador de nome Caco roubou-lhe alguns animais e os escondeu dentro de uma gruta do monte Aventino. Hércules matou-o e fundou, como lembrança de sua vitória, o Grande Altar, onde seu culto foi por muito tempo celebrado. No final da viagem, o herói entregou os bois a Euristeu, que os ofereceu em sacrifício a Hera.

Em seguida Hércules recebeu ordem de ir aos Infernos buscar o cão Cérbero, um monstro de três cabeças que guardava a entrada do reino dos Mortos. Hércules, depois de se iniciar nos Mistérios de Elêusis, desceu ao mundo subterrâneo pela Porta do Inferno que se abre no cabo Tênaro. Hércules também era guiado por Hermes, por ordem de Zeus. Durante o percurso, encontrou defuntos ilustres, em especial Meléagro, o herói de Cálidon que, tendo acabado de morrer, recomendou-lhe a irmã Dejanira. Hércules prometeu desposá-la quando voltasse ao mundo dos vivos. Finalmente dominou Cérbero e voltou a Argos. Euristeu, ao ver o cão monstruoso, teve medo e não quis aceitá-lo. Hércules teve que reconduzi-lo ao local onde o pegara.

O décimo segundo, e último, trabalho consistiu em colher os pomos de ouro que as Hespérides guardavam em um jardim fabuloso ajudadas por um dragão. Na ocasião do casamento de Hera com Zeus, a Terra lhe dera os pomos de presente, e a deusa os achara tão bonitos que os plantara no seu jardim, junto ao monte Atlas.

Hércules começou por indagar o caminho, e ficou sabendo que o deus marinho Nereu era o único que podia lhe dar a informação. Nereu, contudo, não se deixava interrogar de boa vontade, e Hércules teve que dominá-lo para obter uma resposta. Dizem que Hércules atravessou o Egito, onde matou o rei Busíris, que sacrificava os estrangeiros; depois passou pela Arábia e, no "Mar Exterior", embarcou outra vez na taça do Sol. Desembarcou no sopé do Cáucaso e aproveitou para libertar Prometeu, matando a águia que o torturava. Como agradecimento, o gigante contou o que ele deveria fazer para colher os pomos de ouro para Atlas. Finalmente, Hércules alcançou o país das Hespérides e ofereceu a Atlas, que carregava o céu sobre os ombros (era o castigo imposto por Zeus ao Titã desde que o expulsara, com os irmãos, do Olimpo), substituí-lo enquanto ele ia colher os frutos. Atlas concordou, mas, ao retornar, declarou que Hércules estava tão bem naquela posição que ele não cogitava retomá-la. Hércules fingiu aceitar, pedindo apenas a Atlas que colocasse uma almofada sobre seus ombros. Sem desconfiar, o gigante obedeceu, mas, enquanto ele sustentava a abóbada, Hércules fugiu e o deixou sozinho. Uma vez de posse dos pomos de ouro, Euristeu não soube o que fazer com eles e devolveu-os ao herói, que os entregou a Atena, que foi recolocá-los no jardim fabuloso.

Além desses trabalhos, Hércules ainda realizou um grande número de façanhas. Com alguns companheiros, apoderou-se uma primeira vez da cidade de Troia, para punir um perjúrio de seu rei, Laomedonte. Guerreou contra Esparta, contra Pilos de Micenas e, na Tessália, contra os lápitas, ao lado do rei Egímio. Foi aos Infernos uma outra vez para buscar Alceste, que se sacrificara voluntariamente para prolongar a vida do marido, Admeto. Lutou contra os Centauros, seres metade homem e metade cavalo, e os exterminou. Mas foram sobretudo seus últimos momentos que ficaram célebres. Hércules desposara Dejanira, como havia prometido a Meléagro, e viveu por um tempo em Cálidon. Porém, quis a fatalidade que ele matasse acidentalmente um habitante do país, por isso, teve que partir em exílio. Viajou com a mulher e o filho, o pequeno Hilo. Os três chegaram à margem do rio Eveno, onde morava o centauro Nesso, que exercia a função de atravessador. Hércules foi o primeiro a ser transportado, mas, quando chegou a vez de Dejanira, Nesso tentou violá-la. Hércules, com uma flecha, matou Nesso e este, no momento de morrer, confiou à moça que seu sangue era um elixir do amor. Crédula, Dejanira recolheu o sangue, esperando utilizá-lo no dia em que o amor de seu marido diminuísse. Tempos depois, Hércules guerreou contra o rei de Ecália e obteve como parte do butim, depois da vitória, a filha do rei que se chamava Íole. Dejanira ficou sabendo e, quando o marido lhe pediu uma túnica nova para oferecer a Zeus o sacrifício de ação de graças no alto do monte Eta, enviou para ele uma roupa embebida do sangue de Nesso. O sangue não era um elixir do amor, mas um veneno que atacava a pele e causava um sofrimento insuportável. Então Hércules galgou a montanha e se atirou na fogueira. A fogueira ainda ardia quando um trovão ecoou e Hércules foi levado para o céu. Uma vez entre os deuses, Hércules se reconciliou com Hera, depois de uma cerimônia na qual se simulou o nascimento do herói, como se ele saísse do seio da deusa, sua mãe na imortalidade.

A lenda atribui a Hércules sessenta filhos homens: são os heráclidas, que mais tarde retornaram a Argólida e invadiram o Peloponeso, lá estabelecendo a dominação dórica.

O ciclo de Teseu é, em certa medida, uma réplica do ciclo de Hércules. Teseu é o herói de Atenas. Contemporâneo de Hércules, os atenienses asseguram que eles sempre foram amigos. Teseu pertence à família real de Atenas: pelo pai, Egeu, descende de Erecteu. Pelo lado da mãe, Etra, é bisneto de Pélops e se liga ao ramo familiar de Tântalo. Foi engendrado em Trezena, onde passou seus primeiros anos. Ao atingir a idade adulta, pôs-se a caminho de Atenas, ao longo do istmo de Corinto. Era a época em que Hércules, para expiar algum assassinato, vivia como escravo junto a Ônfale, a rainha da Lídia, e os monstros recomeçavam a povoar o mundo. O istmo era infestado de salteadores. Teseu massacrou-os um por um e, ao se apresentar em Atenas, Egeu estava em poder de Medeia, que lhe prometera dar um filho. De início Egeu não o reconheceu, deixando-se persuadir por Medeia de que devia matar aquele estrangeiro. Ia envenená-lo, mas finalmente reconheceu-o pela espada que trazia. Medeia partiu para o exílio.

Conta-se também que ela tentara provocar sua morte mandando-o combater o touro de Maratona, que não era outro senão o touro trazido de Creta por Hércules. Teseu dominou o animal e o ofereceu em sacrifício a Apolo. Depois de ter sido oficialmente reconhecido, teve que lutar contra os primos, os palântidas[24], que cobiçavam o trono. Em seguida partiu para Creta, a fim de libertar sua pátria do tributo imposto por Minos. Após a morte de seu filho Androgeu, morto na Ática, Minos exigira dos atenienses, a cada nove anos, a entrega de sete meninos e sete meninas. O tributo era destinado ao Minotauro, um

24. Palântidas: os cinquenta filhos de Pallas, nobres da Ática. (N.T.)

monstro metade homem metade touro que, segundo se dizia, tinha sido engendrado há muito tempo por um touro com a própria mulher do rei Minos, Pasífae. O Minotauro estava preso dentro de um "labirinto", espécie de palácio de traçado complicado e muito escuro. Teseu subiu numa embarcação de velas negras junto com as vítimas, tendo antes prometido ao pai que, caso voltasse vencedor, içaria velas brancas.

Em Creta, Teseu foi encerrado no labirinto, mas antes fora avistado por Ariadne, uma das filhas de Minos, que se apaixonara por ele e lhe dera um novelo para que ele pudesse encontrar o caminho dentro do dédalo. A condição colocada pela moça era de que ele se casasse com ela. Depois de matar o monstro, Teseu foi fiel à sua palavra e partiu levando Ariadne. Chegaram ao anoitecer na ilha de Naxo. Ariadne adormeceu sobre a margem. Ao despertar, Teseu tinha ido embora. Dizia-se que Dionísio lhe dera ordem de partir sem ela e que o deus em pessoa tinha vindo levar a moça, pela qual estava apaixonado. Teseu, entretanto, sofrendo pela perda de Ariadne, esqueceu de içar as velas brancas, e seu pai, do alto da Acrópole, viu chegar o barco com as velas negras. Acreditando que o filho estava morto, atirou-se do alto da falésia e se matou.

Teseu, ao se tornar rei, reuniu em uma única cidade a população de Ática, até então dispersa pelas aldeias. Instituiu as grandes festas, cunhou moeda e, de maneira geral, organizou a cidade. Manteve uma guerra contra as Amazonas que atacaram a Ática, apoiou os sete chefes na luta contra Tebas, defendeu Édipo, que os tebanos queriam levar à força para seu país a conselho de um oráculo; em suma, ele se mostrou defensor da justiça e das leis divinas. Uma única aventura o mostra sob uma luz menos favorável. Foi quando ele raptou Helena, então criança, e a manteve prisioneira na Ática, para aguardar que ela atingisse a idade de ser sua mulher. Depois, com o amigo

Pirítoo, partiu para os Infernos para raptar Perséfone, com quem Pirítoo queria se casar. Chegando lá, Hades reteve os dois audaciosos fazendo-os se sentar em uma cadeira mágica que não lhes permitia mais se levantar. No final, contudo, graças à interferência de Hércules, Hades consentiu em libertar Teseu, mas manteve Pirítoo.

De volta a Atenas, Teseu não tardou a ser expulso por uma revolução. Retirou-se em Ciros, onde morreu. Mais tarde, na época das guerras Médicas, Címon descobriu suas cinzas e ergueu-lhes em Atenas um túmulo magnífico.

Capítulo V

A vida das lendas

Cada vez que se aborda o estudo de um mito grego, nota-se que os textos que o descrevem apresentam um número infinito de variantes e que, de acordo com as épocas, o mito não é de modo algum o mesmo. É que os mitos foram, desde a sua origem, objeto de um trabalho incessante. Eles *viveram* – e, por conseguinte, se transformaram – através de todo o pensamento antigo, por vezes até nossos dias, e as gerações não lhes pediram para expressar a mesma verdade a cada vez. De um modo bastante genérico, podemos admitir (com todas as restrições que tal generalização impõe) que os mitos helênicos atravessaram, a partir do período em que se formaram, três grandes momentos: o que se pode chamar de idade épica, a idade trágica e a idade filosófica ou "sofística". Em nenhum momento nos sentimos tentados a aceitar a ideia de que os mitos tenham tido uma "forma primitiva". Um mito grego sempre será para nós, em algum grau, uma elaboração complexa, e a reflexão a seu respeito, por ter começado muito cedo, concorreu para modificá-lo continuamente.

Um ciclo épico como o relato da guerra que pôs em confronto aqueus e frígios de Troia compreende um núcleo indubitavelmente histórico. As escavações realizadas no sítio de Troia provam sem contestação que a civilização troiana é uma realidade e que existiram sobre a colina de Hissarlik diversas cidades sucessivas, sendo que pelo menos uma delas foi destruída pela violência. Mas este dado inicial, a luta de uma cidade frígia contra invasores vindos do Oeste, complicou-se rapidamente. De alguma maneira ele se fragmentou em uma série de detalhes, e cada um deu lugar a amplificações e explicações sem fim. Por exemplo, os exércitos em confronto foram enumerados, cada um de seus contingentes recolocados em um meio verdadeiro ou suposto, em função das tradições relativas a cada uma das cidades das quais se supunha serem originários. Sua presença era justificada por um relato particular, genealogias eram remanejadas ou inteiramente forjadas. Em suma, o "ciclo", ao se constituir pouco a pouco, tornava-se uma verdadeira súmula na qual se resumia um estágio de civilização. Mas o trabalho não parou por aí. Era preciso encontrar um pretexto para a própria guerra. Imaginou-se o rapto de uma mulher e escolheu-se Helena, que parece de fato ter sido originalmente uma deusa, talvez pré-helênica – divindade das árvores, divindade lunar ou divindade protetora dos marinheiros, não se sabe ao certo –, e que os invasores aqueus "degradaram" para heroína. Helena foi então dotada de uma genealogia, que a aproximava dos grandes barões micenianos. A história de seu casamento com Menelau (o culto de Helena parece ter sido importante sobretudo na Lacônia) explica ao mesmo tempo o fato de ela não ter permanecido na Argólida e o fato de que um acontecimento tão insignificante quanto seu rapto possa ter levantado contra o culpado todos os príncipes e todas as cidades. Foi assim que nasceu o episódio do juramento pronunciado antes do noivado da jovem através do qual toda a nobreza aqueia se viu unida.

A compreensão do período anterior ao desenvolvimento da aventura apresenta outros problemas. Por que a cidade sitiada resistiu por tanto tempo? Por que, no final, os atacantes venceram a resistência? É que, responde-se, o destino impusera à vitória dos gregos um certo número de condições, que eles só foram descobrindo pouco a pouco. Então começou a se desenhar progressivamente a figura de Heleno, filho de Príamo, instruído por Apolo em pessoa na arte da adivinhação, e que terminou por revelar aos aqueus como eles deveriam se comportar para triunfar sobre sua própria pátria. Tamanha traição requeria explicações. Heleno decepcionara-se com os seus. Depois da morte de Páris, desejara desposar Helena, mas ela lhe tinha sido recusada para ser dada a Deífobo. Irritado, Heleno retirou-se na montanha, onde foi capturado por um destacamento aqueu e não opôs muita resistência aos questionamentos. Captamos, aos poucos, o trabalho criador de uma imaginação que propõe a si mesma dificuldades e as resolve recorrendo, no mais das vezes, a soluções prontas, recolhidas no repertório dos contos folclóricos.

Esses elementos folclóricos serão encontrados em toda parte. Não apenas nos ciclos heroicos, mas também nos mitos relativos a divindades: Hermes roubando os bois do irmão e puxando-os pela cauda para dissimular suas pegadas – trata-se de uma história popular bem conhecida. O mesmo estratagema é observado no episódio de Caco, no qual o bandido rouba de Hércules uma parte dos bois de Gerião. São esses elementos folclóricos intercambiáveis que contribuem para dar às lendas sua fisionomia comum. Ariadne abandonada por Teseu às margens de Naxos lembra irresistivelmente Medeia traída por Jasão em Corinto. Tanto num quanto noutro caso, o tema é idêntico. As duas heroínas salvaram, por amor, o jovem estrangeiro que se apresentava como inimigo. Elas o ajudaram, contra seus próprios pais, e não pediram como recompensa senão se tornarem suas companheiras. E ainda a história de Cometo, filha do rei Ptérela, que, por amor a Anfitrião, cortou da cabeça do pai o cabelo de ouro que assegurava sua invulnerabilidade. Esse foi também o crime de Cila, filha do rei de Mégara, Niso, que se apaixonou por Minos. E Tarpeia, que, em Roma, mostrou ao belo Tácio o caminho secreto da cidadela que defendia seu pai. Todos pertencem ao repertório comum dos "contos da carochinha" que alimentam os mitos. Há ainda o tema da serpente ou do monstro guardando uma caverna ou um jardim onde está escondido um tesouro: pomos de ouro das Hespérides, velocino de ouro da Cólquida. Conhecemos em outros lugares vários exemplos desses tesouros – que representam, talvez, o ouro escondido do arco-íris, ao longe, para os lados do Oriente. Há também as histórias de crianças abandonadas e alimentadas por animais: Têlefo, filho de Hércules, e sua corça; Asclépio, filho de Apolo e herói curador, aleitado por uma cabra; Cicno e seu cisne; e tantos outros, até Rômulo e Remo, cuidados pela loba no sopé do Palatino.

Os contos populares nutrem os mitos. Eles não os explicam por completo. Há sempre, na origem, um outro elemento sobre o qual se implantam variações e interpretações. Dado histórico no caso do ciclo troiano. Dado geográfico nos caso dos Argonautas, no qual boa parte de seu périplo resulta do desejo de explicar a existência de santuários de Atena (ou de deusas assimiladas) em toda a volta da bacia do Mediterrâneo. Nós nos damos conta, da mesma maneira, das "errâncias" de Eneu, no Egeu e no mar da Sicília, pelos santuários de Afrodite, cuja fundação é a ele atribuída. Um certo número de "retornos" é, aparentemente, construído em cima de homonímias de lugares: cada um dos locais chamados *Troia* (havia um certo número até na Itália, do Vêneto ao Lácio) sugeria o estabelecimento de colônias troianas ou de prisioneiros trazidos pelos chefes aqueus e levados pelas tempestades até esses longínquos litorais. Um tema folclórico – o dos navios queimados por cativos cansados das intermináveis viagens – completava a explicação, e é assim que nasceram, provavelmente, muitos dos mitos de fundação. Resta ao intérprete moderno explicar a homonímia, que, com muita frequência, acaba sendo a única testemunha de um povoamento muito antigo ou de uma migração sobre os quais o mito dá uma interpretação simbólica.

Em outros casos, o núcleo original é uma particularidade cultural. Não é indiferente observar que a grande deusa de Argos era Hera e que o nome de Hércules é evidentemente derivado do nome dela. Hércules é, sem nenhuma dúvida, um "servidor" de Hera, e, se é verdade que, no Peloponeso miceniano, também a Hera argiana foi uma "dama das feras", é significativo constatar que as primeiras – e aparentemente as mais arcaicas – façanhas atribuídas ao herói dizem respeito a feras e se situam no interior do Peloponeso. Percebe-se um *hieros logos*[25] argiano confuso – um relato sacerdotal ao qual foram pouco a pouco se agregando outros elementos, uns autenticamente históricos, outros simplesmente populares.

Tal é o que se poderia chamar de "pré-história" dos mitos. Mas constatamos que, muito cedo, as figuras míticas adquiriram uma realidade singularmente viva e se tornaram *pessoas*. Ao mesmo tempo, o mito, desenvolvido como epopeia ou "romance", encarregava-se de uma reflexão sobre o mundo e constituía uma forma privilegiada de experiência. Aquiles, Agamenon e Helena são, ao que tudo indica, anteriores à ideia inicial do ciclo troiano. Entretanto, só existiram de fato uma vez engajados em suas grandes aventuras. Um dos méritos de Homero é, por exemplo, ter dotado Aquiles de um caráter que se impôs para sempre. Aquiles é essencialmente um guerreiro. No começo de sua vida, ele teve que escolher entre uma existência longa e pacífica e a vida breve porém gloriosa de um herói. Ele não hesitou, e seu ser inteiro foi determinado por essa escolha voluntária. Sabe que vai morrer jovem, mas conhece o próprio valor. Sabe-se destinado, vivendo na imortalidade. Seu orgulho e seu senso de "o que lhe é devido" fazem com que se rebele diante do arbitrário Agamenon e põem em perigo, ao se recusar a combater, todo o exército grego. Ele tem a violência, mas também as ternuras dos jovens: o que o faz decidir esquecer a injúria é o desejo de vingar Pátroclo. Impiedoso, insulta o cadáver de Heitor, mas chora quando Príamo, na mais lamentável das embaixadas, vem redimir este último. Da mesma forma como foi cantado por Homero, Aquiles se tornou

25. *Hieros logos:* narração do sagrado, mito. (N.T.)

uma fonte de inspiração ao longo de toda a Antiguidade: Alexandre e César terão seu exemplo diante dos olhos e oferecerão libações no seu túmulo.

Contudo, o poemas homéricos e, de modo mais geral, a epopeia preocupam-se mais com o desenvolvimento da ação do que com a psicologia dos personagens. Esta última *resulta* da ação, assim como as atribuições e a própria natureza de cada divindade *resultam* de episódios nos quais as vemos envolvidas. Em nenhum momento a reflexão se libera do mito ou da lenda para olhá-los viver. Observamos que o poeta não faz julgamento moral, a não ser muito excepcionalmente. Ele não toma partido na luta, e o único herói pelo qual sua antipatia é perceptível é Ajax, filho de Oileu, denegridor de deuses, que morre no cabo Cafareu com a blasfêmia na boca. Ulisses é aceito sem reticência. Seus ardis mais negros, suas traições e suas mentiras não provocam reprovação, nem seus feitos guerreiros: todos esses aspectos de sua atividade são igualmente legítimos. Somente mais tarde, com o advento da sofística – por volta do fim do século VI antes de nossa era – esses problemas começarão a ser colocados, e então os heróis lendários serão submetidos a uma crítica moral. A pergunta que se fará é se Ulisses tivera razão ao provocar, com a ajuda de calúnias e falsos testemunhos, a morte de Palamedes por ele lhe obrigar a participar da guerra de Troia. Os mitos se tornarão uma imensa reserva de exemplos, e o sofista Prodicos imaginará então seu famoso apólogo de Hércules, no qual mostra o herói saindo da adolescência e tendo que escolher entre o Vício e a Virtude. O mito – em sua forma de relatos épicos – torna-se instrumento de educação moral por excelência. Nas escolas da Grécia clássica, as crianças, desde a mais tenra idade, aprendem de cor os poemas homéricos, e o professor extrai deles máximas e preceitos de conduta. Para muitas gerações, Homero foi o "*maître à penser*" por excelência. Sabemos como Platão tentou romper com essa tradição e esses métodos e como ele considerou o "mito" e os poetas corruptores do pensamento. Os poetas serão expulsos da cidade ideal porque as "verdades" que eles trazem escapam ao controle da estrita razão e se voltam para paixões e para o coração. Mas Platão não consegue impor seu pensamento, e até o final da Antiguidade a leitura dos poetas e a iniciação nos mitos continuarão sendo o primeiro exercício imposto às crianças.

Com o nascimento da tragédia, introduz-se um ponto de vista novo. Uma tragédia não é mais um relato, mas uma espécie de meditação sobre um episódio isolado. Essa meditação foi de início essencialmente lírica: sabe-se do estreito parentesco que une, na origem, o ditirambo, a tragédia e também o lirismo coral. Mas, se a epopeia tende por inteiro à ação, o lirismo, por sua vez, é estático. E é exatamente assim que se apresenta a tragédia esquiliana por excelência, o *Prometeu acorrentado*. A trilogia inteira é uma reflexão – diríamos quase uma "elevação" – sobre o mistério de Zeus. À gesta hesiódica, que mostrava Zeus conquistador e Prometeu vencido, assim como tinham sido vencidos os Titãs e as outras forças primordiais do mundo, Ésquilo opõe a ideia de uma reconciliação. O triunfo de Zeus não será definitivo enquanto o deus não conseguir repor no lugar correto os que foram suplantados por ele. Sem isso, ele é apenas o terceiro depois de Urano e Crono, e a mesma ameaça pesa sobre ele. O problema que Ésquilo se dispôs a resolver é de ordem teológica. Consistia em descobrir as condições da permanência de Zeus. E sua trilogia inteira é um drama de "mediação": Prometeu, do mesmo modo como tinha sido o mediador entre as forças primordiais e os homens – ao roubar para eles o fogo do céu –, torna-se o mediador entre essas mesmas forças e a geração dos Olímpicos, ao revelar a Zeus o oráculo de Geia, a predição segundo a qual o filho "que nasceria de Tétis" deveria um dia suplantar o pai, impedindo assim o deus de concluir uma união que, inexoravelmente, faria andar os destinos. Zeus pode então retirar Crono e os Titãs da prisão do Tártaro; ele os instala nos Campos Elíseos, ou mesmo nas ilhas dos bem-aventurados, onde eles encontram um reino em um universo pacificado. As sombrias lutas cósmicas das velhas teogonias, nas quais triunfava a força bruta, pertencem a uma idade desaparecida. A reflexão humana "humaniza" os deuses. O mito se torna, com Ésquilo, e também com Píndaro, a expressão poderosa da esperança e do ideal. Não temos que nos perguntar se Ésquilo *acreditava* na divindade de Zeus, em suas lutas ou em sua própria existência. A pergunta não tem sentido. O mito fornece um universo poético, um dado que se modela à vontade, à imagem da própria verdade interior. Hesíodo, do mesmo ciclo de Prometeu, fez uma história desesperada. Já Prometeu separou para sempre o homem da divindade. Trouxe para o universo uma espécie de "pecado original" e corrompeu profundamente a condição humana. Para Ésquilo, ao contrário, ele é o redentor universal, e a trilogia que lhe é consagrada soa como um Evangelho.

Os trágicos, ao trazer à cena os episódios heroicos, defrontaram-se com problemas análogos. Deixando-se levar por seu relato, o poeta épico não se preocupa com as verossimilhanças. Aceita situações que, uma vez apresentadas na realidade e com todos os personagens, revelam-se insustentáveis. O ciclo herculano forneceu à *Ilíada* a figura de Filoctetes. Esse herói, filho do rei Peias, fez a Hércules o favor de acender sua fogueira fúnebre, no cume do Eta. Como recompensa, recebeu o arco e as flechas divinas e foi ele, de alguma maneira, o "sucessor" e herdeiro místico de Hércules. Contudo, somos informados, no segundo livro da *Ilíada*, de que Filoctetes estava entre os chefes reunidos em Aulis. Embarcara com os Atrides e seus companheiros, mas ao chegar à pequena ilha de Crise, vizinha de Lemnos, onde os chefes aqueus deveriam oferecer um sacrifício, foi picado por uma serpente. O ferimento ficou envenenado, causando um sofrimento que arrancava de Filoctetes gritos pavorosos e desprendia um terrível fedor. Filoctetes tornou-se um estorvo para todo o exército aqueu e, a conselho de Ulisses, foi abandonado. No entanto, acrescenta Homero, os Aqueus se conscientizaram “bem depressa de que deveriam se lembrar de Filoctetes”. E com efeito, como vimos, as revelações do adivinho Heleno estabeleceram como condição para a vitória dos aqueus a posse das armas de Hércules. Os poetas épicos que cantaram os últimos anos da guerra, Lesches e Arctinos, relatam somente que, então, Diomedes partira para buscar Filoctetes e, sem grande dificuldade, conseguira trazê-lo, enquanto Ulisses ia a Ciros e retornava a Trôade com o filho de Aquiles, Neoptólemo, cuja presença não era menos necessária do que as armas de Hércules. A epopeia não deixa entrever nenhuma dificuldade. Contudo, refletindo-se sobre ela, há que se considerar: como Filoctetes, abandonado pelos aqueus, que, desprezando qualquer sentimento de humanidade, o tinham deixado sem cuidado em uma ilha pouco habitada, renegado pelos companheiros de armas, iria acolher a demanda que lhe era feita, de ajudá-los a obter uma vitória da qual eles seriam os primeiros a obter os frutos? Ele não iria recusar? Justo ele, o proscrito, tornava-se o árbitro de uma situação sem saída para os aqueus, e o drama nascia precisamente do fato de o Destino ter posto em suas mãos o destino do mesmo exército que o havia tão covardemente abandonado. Do velho relato épico surge um conflito imprevisto, o das almas e das vontades.

Os trágicos compreenderam-no tão bem – e os três, Ésquilo, Sófocles e Eurípides, escreveram cada um uma tragédia de *Filoctetes* – em que escolheram Ulisses para apresentar ao herói o pleito de Atrides. E assim se encontravam face a face os dois inimigos: o responsável pelo abandono e o que tinha sido a vítima. Cada um dos três poetas tratou o tema segundo seu próprio gênio. Ésquilo, como habitualmente, sem grande preocupação com a verossimilhança dos detalhes. Eurípides imagina que na mesma ocasião chega a Lemnos uma embaixada troiana, e sua engenhosidade adquire livre curso em um debate que opõe Ulisses e os troianos, tendo Filoctetes como centro da discussão e juiz. Já Sófocles põe a ação em um outro plano, introduzindo o personagem Neoptólemo. É na alma de um jovem, digno filho de Aquiles e sensível como ele à piedade, imbuído de retidão e de honra, que o drama adquire toda a sua amplidão. Patriotismo, razão de Estado, honestidade e compaixão prevalecem pouco a pouco, e Filoctetes conservaria suas armas se Hércules não aparecesse e desse a seu antigo companheiro a ordem de ir para Troia e cumprir os destinos. Vê-se como a tragédia de Sófocles (a única que chegou inteira até nós) também *humanizou* a lenda e, por conta disso, constitui um bom exemplo da inflexão que os trágicos impuseram aos relatos lendários.

Contudo, não está certo acreditar que o elemento tradicional seja apenas um pretexto para a expressão de uma filosofia ou um simples sustentáculo a serviço de uma moral. Os mitos trágicos, mesmo em cena, guardam de suas origens uma atmosfera de grandeza religiosa que é característica da tragédia. Mesmo que o herói trágico tenha se humanizado, convivido com paixões e sofrimentos da humanidade comum, ele se move em um mundo à parte no qual tudo é maior, mais terrível e, em todos os sentidos, "exemplar". Édipo não é mais somente o representante de uma geração maldita, simples elo na sucessão das catástrofes que se abatem sobre os descendentes de Laio; ele se torna a figura inesquecível da vítima inocente sob os golpes do Destino. Édipo é o drama da vontade impotente diante da Ordem do mundo que o esmaga. Mas é ao mesmo tempo o exemplo do que a privação interior é capaz de fazer: ao renunciar voluntariamente ao poder, ao amor dos seus e até à visão, ao deixar sua pátria, ele descobre, na solidão, a presença de Antígona, e no fundo de sua noite, a paz com os deuses. Ele, o maldito, o flagelo de Tebas, torna-se, em Colona, um herói protetor e benéfico: virtude do sofrimento, do consentimento à vontade divina, mais fecundos do que todas as revoltas. Para exprimir tudo isso, Sófocles precisou transformar os elementos lendários, afastar um ou outro episódio, essa ou aquela versão incompatível com a experiência única que estava instituindo. Nas suas mãos, o mito adquiriu forma, e, com a argila imprecisa que lhe ofereciam as tradições, deu forma a um Édipo imortal.

Esse trabalho "literário" (mas sobretudo moral e, no melhor sentido, humanista) teve como resultado modificar profundamente as lendas. Personagens até então apagados são, de repente, tirados da sombra. Ifigênia, na epopeia simples, vítima imolada em Aulis, adquire com os clássicos uma importância nova. Atrai em torno dela um ciclo completo, cujos elementos serão novamente buscados em tradições folclóricas ou culturais. É assim que nós a vemos em Táurida, depois outra vez no Peloponeso, onde sua presença explica os ritos selvagens da Artemis espartana; e por fim no Lácio, na floresta de Nemi, onde ela é sacerdotisa da Diana das Florestas. A história dos mitos não se apresenta como uma evolução contínua, pois cada mito tem uma origem, uma fase épica, uma fase trágica e, eventualmente, uma fase filosófica ou sofística. Ela revela, ao contrário, a reação contínua de uma forma sobre a outra. A importância considerável adquirida pelo ciclo troiano é, sem a menor dúvida, responsável pela sobrevivência de tradições locais relativas a Helena, a Orestes, a Diomedes, a Eneu e aos outros. Isso é verdade sobretudo em relação às formas que as lendas adquiriram na Itália, especialmente no Sul, onde encontramos as marcas dos heróis troianos, embora nem sempre saibamos de que maneira eles chegaram até ali. Talvez, em certos casos, sua presença seja o testemunho de uma migração ou de uma colonização muito antiga; com muita frequência também pode se tratar de uma simples assimilação, tendo a tradição local se inserido no ciclo troiano, mais conhecido e mais preponderante.

Foi assim que os mitos primitivamente helênicos foram se estendendo pouco a pouco por todo o domínio mediterrâneo até os limites do mundo conhecido. Sua plasticidade permitiu que se implantassem em toda parte. Os gregos têm uma explicação mítica para os deuses animais adorados no Egito. Foi no tempo em que Tífon perseguia Zeus, e todos os Olímpicos, tomados pelo terror (salvo Atena), refugiaram-se nas areias do deserto, no Alto Egito. Para melhor se proteger, adotaram formas animais: Hermes virou um cachorro; Apolo, um íbis; e assim por diante. O mito de Isis foi também, pouco a pouco, integrado no dos amores de Io e Zeus. Io, transformada em bezerra, refugiara-se nas margens do Nilo onde passara a ser adorada sob essa forma, e dizia-se que seu filho Épafo dera origem à linhagem real egípcia, com o deus-rio Nilo, bem como à linhagem de Dânao, o conquistador do Peloponeso, e à de Cadmos e dos reis da Síria. Pouco a pouco, mas sobretudo após as conquistas de Alexandre e, mais tarde, com a constituição do Império Romano, o pensamento mítico e religioso do mundo antigo foi se fundindo com as formas impostas pelo lendário helênico. Em nossas fontes latinas e gregas, por exemplo, só conhecemos os grandes traços da religião gaulesa ou germânica sob o disfarce da mitologia clássica. Mesmo em Roma, o esforço dos historiadores modernos frequentemente tem tido por objeto despojar divindades e lendas de suas vestimentas helênicas para descobrir, por trás das criações artificiais devidas à influência grega, as entidades primitivas.

Quando, a partir do século III antes de nossa era, o pensamento grego passou a ser cada vez mais dominado pela filosofia, os mitos não escaparam a essa evolução. Mostramos como a reflexão sofística se servira deles, dois séculos antes. Agora, eles são de novo interrogados, mas de uma outra maneira. Os estoicos, por exemplo, pedem-lhes uma revelação sobre a natureza do mundo. Para eles, o mito não é senão uma forma recoberta e simbólica de verdades racionais. Zeus não é mais o conquistador, o vencedor dos Titãs. Ele é o princípio abstrato da Razão, motor essencial e fim último, o Ser em si, e os episódios míticos de seu ciclo não são mais considerados senão como momentos dialéticos do devir universal. E, como a reflexão estoica tende cada vez mais a alcançar uma concepção monoteísta, Zeus adquire uma posição cada vez mais importante, em detrimento das outras divindades. Etimologias fantasiosas vêm socorrer os filósofos. Se Zeus é a Luz, Hera, seu paredro, é o Ar, e a física estoica explica como a união da Luz (ou seja, do fogo plasmador) e do Ar é geradora de vida. Aos olhos dos estoicos, a mitologia aparece como uma imensa "listagem de coisas", cabendo aos filósofos decifrá-la.

Em relação a esse ponto, a filosofia foi ao encontro das doutrinas místicas, uma vez que também elas se esforçavam para extrair dos mitos uma verdade secreta. Os monumentos funerários da época romana, por exemplo, costumam exibir, ao lado da efígie do morto, imagens de Sereias ou de Musas, ou então a imagem de Endimião, o pastor por quem a Lua (Selene) se apaixonou e fez dormir com um sono eterno. Todas essas figurações têm por objeto expressar a fé em um destino futuro. As Musas simbolizam a harmonia do mundo onde vivem os bem-aventurados. As Sereias, o canto divino, a melodia que os encantará. O velho mito odisseico foi esquecido. De pássaros maléficos, as Sereias se tornaram mensageiras da esperança. Crenças astrológicas se sobrepuseram ao tema lendário tradicional. Endimião está aí para nos lembrar que a Lua é a morada das almas libertadas da carne. Sua aventura é o símbolo da felicidade mais fantástica que pode caber a um mortal, que é deslizar insensivelmente, sem os sofrimentos da morte, na direção da satisfação eterna.

As exegeses simbólicas ou místicas não esgotam, entretanto, a vida dos mitos no helenismo em extinção. Espíritos céticos, menos sensíveis à beleza desses relatos, impressionavam-se sobretudo com a intrusão perpétua do sobrenatural que eles testemunhavam. E se perguntavam – com uma aparência de bom senso – como semelhantes loucuras podiam ter nascido. Imaginavam então que as lendas não eram senão a versão deformada de acontecimentos absolutamente corriqueiros. Dizem, explicavam eles, que Perseu raptou uma moça, Andrômeda, matando o monstro ao qual ela estava submetida. Mas, em vez disso, não seria a história de um jovem que salvou a noiva no momento em que piratas iam raptá-la às margens de um rio? O barco dos piratas se chamava *O Monstro*, ou *A Baleia*, e foi esse fato que ensejou o nascimento da curiosa lenda. Ou dizem também que Hércules asfixiou a hidra de Lerna, que tinha cabeças renascentes. Porém, o mais provável é que o herói tivesse sido encarregado de secar um brejo pestilento (sabe-se que existiam brejos nas proximidades de Lerna), e que múltiplas pequenas fontes tornavam seu trabalho vão. E assim por diante. Palefato, um escritor obscuro, nos deixou um tratado completo sobre essas interpretações racionalistas dos mitos. Naturalmente, tudo isso é puro jogo do espírito. Lendas jamais nasceram dessa forma, e é um singular empobrecimento considerá-las como perversões tão infantis do real. Mas, mesmo assim, essa posição foi a adotada pelos racionalistas e pelos "filósofos" do século XVIII. A *História dos oráculos*, de Fontenelle, não fica, na essência, muito longe do postulado fundamental de Palefato.

Vizinha da precedente, uma outra tendência surgiu a partir do final do século IV antes de nossa era. Um filósofo chamado Evêmero escreveu, por essa época, um longo romance que se apresentava como uma revelação da verdadeira natureza dos deuses e dos heróis. Segundo ele, tratava-se, na realidade, de mortais divinizados, no mais das vezes, reis benevolentes aos quais seus súditos, em reconhecimento, tinham concedido aquela honra. Como para Palefato, o objetivo era "racionalizar" os mitos, desprovendo-os de seus aparatos fantásticos. Essa doutrina conheceu um grande sucesso. Os epicuristas, por exemplo, que negavam a intervenção dos deuses nas questões humanas, encontravam nela matéria para interpretações morais. Triptólemo foi o primeiro "semeador de trigo" e por essa razão mereceu glória eterna. Hefesto, o primeiro ferreiro. Assim, o universo da lenda se via reduzido às proporções humanas, e o fantástico era expulso do mundo. Tal posição era especialmente sedutora por corresponder, em certos casos, a uma evidente verdade. A própria lenda reconhecia que Agamenon reinara em Micenas, e existia em Argólida um culto a Agamenon. Em Esparta existia um culto em honra a Menelau e um outro, a Helena. O evemerismo podia, pois, ser a generalização de um fato real e verificável. Não se perguntava, então, se o fato alegado não deveria ser "lido" de outra maneira, se não seria a preexistência do culto que ensejara o nascimento do herói, se o herói, na realidade, não seria o resultado de uma combinação entre um "demônio" e um personagem histórico. Bastava que as aparências estivessem a favor da tese a defender. Porém, tal tese tinha como resultado reduzir a nada toda a religião "pagã". Ganho inesperado para os escritores cristãos, que adotaram essa tese de boa vontade e se esforçaram para mostrar que, segundo a própria confissão dos pagãos, suas divindades não passavam de impostores e usurpadores. Assim, o grande esforço de racionalização dos mitos, depois de esvaziá-los de toda sua substância viva, terminava por lhes retirar toda razão de ser. O evemerismo, com todas as suas seduções, era a própria negação do pensamento mítico.

Capítulo VI

Os mitos diante da ciência moderna

Mesmo desprovidos de seu prestígio de verdade revelada, nem por isso os mitos deixam de formular um problema para o espírito. Como é possível que relatos tão "desarrazoados" tenham não apenas encontrado credibilidade no meio dos homens como até mesmo sido imaginados? Vimos como inclusive os antigos procuraram uma "explicação" para os mitos. As que eles propuseram evidentemente não nos satisfazem. Também não acreditamos, ao menos no plano do pensamento científico, que os deuses pagãos sejam invenções "diabólicas" de espíritos malignos – os mesmos que, no dizer dos comentadores de Plutarco, choravam a "morte do Grande Pã" quando, sob o reinado de Augusto, a Nova Lei sucedeu à antiga. Sustentar, como os filósofos do século XVIII, que a imaginação humana seja capaz de todas as loucuras quando não for esclarecida pela Razão é recusar o problema e desconhecer perigosamente a "função da loucura", que é um fato e deve ser ela mesma explicada. Foi somente no século XIX que a mitologia antiga começou a ser tratada com seriedade, como um objeto de conhecimento e de análise.

A renovação veio sob uma forma que, hoje, nos faz sorrir um pouco, mas nem por isso deixa de constituir uma revolução metodológica de onde surgiram as teorias mais modernas. É ao grande linguista F. Max Müller que a exegese dos mitos deve sua saída do limbo tradicional. Max Müller, formado no estudo dos poemas sânscritos, pensou ter encontrado na mais antiga literatura indiana, principalmente nos *Vedas*, as formas primitivas das crenças e dos mitos, e lhe pareceu que as divindades seriam, no princípio, nomes dados às forças naturais. Imaginou que os "homens primitivos", impressionados com os fenômenos da natureza, tinham começado por lhes dar nomes, e que esses nomes, aos poucos, tinham se tornado pessoas – supondo-se que o espírito "primitivo" tivesse uma capacidade muito imperfeita de representar as abstrações para si mesmo. Assim, a vida do universo fora sendo progressivamente *dramatizada*. Max Müller tentou dar, em detalhe, exemplos desse processo: como a luz do sol é, em suma, a fonte de toda vida e de toda atividade, ele foi levado a conceder aos fenômenos "solares" uma importância capital. Para ele, a luta de Zeus (em cujo nome se encontra a raiz significando "dia") contra os Titãs nada mais é do que o drama cotidiano e a vitória da luz sobre as sombras. As formas monstruosas dos Gigantes simbolizam as brumas da noite, de limites incertos. Tífon é a tempestade. Atena, saída de Zeus, é a luz virgem do dia ao nascer. Hefesto, o ferreiro que abre o crânio de Zeus, não é outro senão o Sol Levante, semelhante ao disco de ferro em brasa saído da forja divina. Hércules, por sua vez, se tornava um "mito solar". Os Doze Trabalhos são os doze "signos" do zodíaco, as doze etapas da carreira anual percorrida pelo astro. Assim, aos poucos, a mitologia inteira, com a ajuda de etimologias o mais das vezes incertas, vê-se reduzida a ser não mais do que uma ampla meditação "sobre a chuva e o bom tempo".

É evidente que as ideias de Max Müller são excessivamente simples, e está hoje demonstrado que os mitos – e, mais ainda, os ciclos lendários – não provêm de uma "doença da linguagem". Percebeu-se até mesmo que as interpretações alegóricas que aplicam os mitos aos fenômenos astrais ou meteorológicos estão longe de ser primitivas. Elas resultam sempre de especulações relativamente tardias. Jano, o deus romano, só foi considerado como a representação do ano sob a influência dos pitagoristas de Roma – mas isso não se deu antes do século I antes de nossa era, ao passo que o próprio deus e suas lendas existiam há muito tempo. Na religião egípcia, percebe-se que o mito de Osíris e de Isis – mito solar por excelência – não é "primitivo" na sua força canônica, mas resume toda uma teologia longamente elaborada pela reflexão sacerdotal. Por todas essas razões – e outras mais, sobretudo a incerteza das etimologias de Max Müller, o retorno a uma noção mais justa do papel das línguas e dos poemas sânscritos dentro da história dos povos "indo-europeus" e uma análise mais exata do pensamento dos homens e das sociedades na qual a função mítica não se extinguiu –, a teoria linguística dos mitos foi presentemente abandonada.

Ela tem, contudo, o direito ao nosso reconhecimento. A Max Müller cabe a honra de ter levado o debate para fora da mitologia estritamente "clássica", ao requerer, embora sob uma forma discutível, uma comparação com outros domínios, e também a honra de ter sublinhado a importância dos "jogos de palavras" e da linguagem em geral na formação dessas lendas.

Com os trabalhos de J.W.B. Mannhardt e sobretudo de J.G. Frazer, a exegese mitológica conheceu uma fase nova. Desta vez, trata-se de surpreender o nascimento dos mitos no presente e sob nossos olhos. Basta para isso nos dirigirmos às sociedades que, precisamente, conservaram a faculdade de criar lendas e que continuam criando-as todos os dias. O "método comparativo" nasceu. Ele repousa sobre o postulado de que as ações do espírito humano são idênticas, seja qual for o povo, seja qual for o grupo étnico. Um mito grego ou romano pode ser explicado à luz de um mito polinésio ou banto. Um e outro respondem a exigências profundas do pensamento humano: por exemplo, a crença inata na imortalidade e a negação da morte são vistas por Frazer como essenciais ao homem. Para o "primitivo", a morte é sempre um "acidente" evitável, resultante da intrusão de uma força maléfica. Em torno desse tema formaram-se ritos que têm por finalidade desenvolver as forças vitais e inibir as forças antagônicas. Frazer escolheu para centro de sua demonstração uma prática latina: existia em Nemi, perto de Roma, uma floresta sagrada onde reinava a divindade de Diana. O sacerdote desse santuário tinha o nome de Rei da Floresta, e o costume permitia, a qualquer um que chegasse até lá, matar o sacerdote e tomar o lugar dele. Para Frazer, o Rei da Floresta personificava Júpiter, "divindade do carvalho e do trovão", e se alguém o fizesse morrer de morte violenta, é porque temia que a velhice ou a doença, em suma, a decadência física, diminuíssem-lhe o espírito vital e, por conseguinte, pusessem em perigo a vitalidade de toda a natureza. Um sacerdote "diminuído" – e que provava sua decadência sucumbindo ao ataque de um homem mais jovem e mais vigoroso do que ele – constituía um perigo para todos. Aos poucos, Frazer consegue mostrar que esse ou aquele relato lendário relativo a provas impostas aos reis, a sacrifícios humanos (por exemplo, o esquartejamento do rei Licurgo por ordem de Dionísio, ou então o castigo de Astidâmia, que foi cortada em pedaços e teve os membros dispersos por toda a cidade de Iolco), ou mesmo a destinos antropofágicos, como na lenda de Tiestes e de Pélops, conservam de maneira precisa a lembrança de práticas bastante reais. Todas as lendas de crianças abandonadas têm sua correspondente na América ou na África, onde o "primogênito" é marcado por uma verdadeira condenação. Se ele viver, comprometerá a existência do pai e, sobretudo se o pai for o rei da tribo, a existência da aldeia inteira. Tal seria o primeiro núcleo de muitos dos relatos lendários, uma prática cujo significado se perdeu e se transformou (e sabemos que, de fato, entre os povos "primitivos", a única explicação dada aos costumes é que "os ancestrais agiam assim"), mas deixou uma lembrança coletiva sob a forma de um mito. A história de Édipo é uma ilustração bastante boa: nascido contrariando as ordens do oráculo (Édipo deve ser morto. Salvo por acaso, torna-se uma ameaça não apenas para o pai, que ele termina matando, mas para a cidade de Tebas, sobre a qual ele atrai, por sua própria existência, toda espécie de calamidade). Frazer explica também, através do sacrifício das crianças primogênitas das famílias reais, a história de Frixo e Hele, apontada pelos poetas gregos como a origem do ciclo dos Argonautas: a fome que se abate sobre uma região da Tessália e só pode chegar ao fim com o sacrifício de dois filhos do rei Atamas. As duas crianças, Frixo e sua irmã Hele, conseguem se salvar graças ao carneiro de velocino de ouro. Porém, mais tarde, Atamas, acometido de loucura, mata Learco, um filho que teve de um outro casamento, enquanto sua mulher mata o segundo filho deles, Melicerta, precipitando-se com ele nas ondas. E, na época histórica, o costume exigia que, dentre os descendentes de Atamas, o filho mais velho do rei se visse proibido, sob pena de morte, de penetrar no "pritaneu"[26] da cidade. Todos esses fatos são concordantes: a lenda de Atamas, a ameaça que pesa sobre os filhos mais velhos de seus mais longínquos sucessores, indica evidentemente que, no cantão tessálio, existia um rito sacrificatório que pode ser observado em vários outros domínios. A Grécia, longe de ser uma exceção na história do espírito humano, faz parte de sua lei costumeira.

Trata-se de um resultado muito importante: os mitos gregos não são, em seu nascimento, produtos de um milagre qualquer. As pesquisas folclóricas realizadas depois de Frazer, que estabeleceram como objetivo descobrir ritos e lendas populares não apenas entre os povos "primitivos", mas também suas sobrevivências e suas formas evoluídas em regiões aparentemente mais "civilizadas", trouxeram à luz alguns grandes temas em torno dos quais formaram-se normalmente as lendas: ritos de "passagem" de uma classe social a outra, ritos de iniciação, ritos fune-

26. Pritaneu: palácio dos prítanes (magistrados de algumas cidades) onde também se hospedavam visitantes ilustres. (N.T.)

rários, ritos de evocação da chuva, ritos de magia fecundante etc. Com tal método, obtém-se um certo número de categorias ou, caso se prefira, de fórmulas que definem esta ou aquela classe de lenda. Essa classificação constitui evidentemente um progresso e, em certo sentido, uma verdadeira "explicação". Contudo, o método comparativo assim concebido não é inteiramente satisfatório. Ele é em essência fundado a partir de aproximações estabelecidas entre domínios muito diferentes: com frequência, chega a existir entre os autores uma espécie de frivolidade em buscar analogias em sociedades tão afastadas umas das outras quanto possível. Todavia, é evidente que, muitas vezes, as semelhanças constatadas permanecem inteiramente exteriores e fortuitas, como o pilar de duas faces da ilha de Suriname, que, de fato, nada nos diz sobre a natureza e o ciclo do romano Jano. Tanto em um quanto no outro caso, trata-se de um ser de duas faces – ou melhor, da representação de um ser com duas faces opostas. Mas, como ir além? Além disso, os temas folclóricos assim mencionados, por sua própria generalidade, não passam de um esquema, de uma forma vaga e quase vazia, que deixa escapar o essencial do mito grego. Lembrar que os enigmas propostos pela Esfinge a Édipo pertencem à categoria bem conhecida das provas impostas ao rei antes de entregar-lhe o poder constitui sem dúvida um progresso, mas em nada nos ajuda a compreender o que, em si mesma, a aventura representava para os gregos. De tanto buscar a generalidade na explicação, perde-se de vista o essencial, que é a característica individual e única de cada lenda.

É a razão pela qual surgiu há algumas décadas um método novo que deu a si mesmo o nome de "comparativo", mas num sentido diferente do método de Mannhardt e Frazer, ao qual se destina com mais boa vontade o nome de "método sociológico". O representante mais autorizado dessa escola é, na França, G. Dumézil, cujos trabalhos lançaram luz sobre mais de um ponto das lendas da mitologia clássica. Para essa escola, a comparação não deve ser feita sem discriminação entre quaisquer domínios, como, por exemplo, tirar conclusões de uma comparação entre um mito lapão e um mito helênico ou romano. Ela deve, inicialmente, para ter valor probatório, confinar-se no interior do domínio "indo-europeu", o mesmo que dizer que as aproximações serão primeiramente estabelecidas entre civilizações que possuam relações de parentesco inegáveis, estabelecidas pelo estudo linguístico. Será possível, com algumas reservas, comparar os *Vedas* com as lendas gaulesas ou dos germanos porque todos esses povos falam línguas aparentadas, derivadas do "indo-europeu" comum, em uma data muito antiga; e as respectivas mitologias serão o produto de uma evolução que teve seu ponto de partida em um conjunto de crenças e práticas comuns. E é essa bagagem comum de crenças e ritos que o estudioso deve se esforçar para descobrir, para além das variantes locais.

As aplicações do método são geralmente convincentes, e seus resultados bastante instrutivos. Foi assim que G. Dumézil mostrou, em uma de suas primeiras obras, que todos os domínios "indo-europeus" possuíam vestígios de uma tradição relacionada à preparação e ao consumo de uma "poção de imortalidade". Essas tradições eram organizadas em verdadeiros *ciclos da ambrosia*, como testemunham tanto os *Vedas* quanto, entre os iranianos, o *Avesta* ou, entre os gregos, a *Teogonia* hesiódica. A "caixa" ou, mais precisamente, a "jarra" de Pandora seria a forma helênica da grande "cuba de amassar" conhecida das versões germânicas do ciclo. Cada região desenvolveu e modificou os dados primitivos de acordo com seu próprio gênio, mas, por trás da análise, o que se vê são ritos e modos de pensamento da fase "indo-europeia comum", observáveis em todas as suas variantes.

Levando até mais longe suas pesquisas, G. Dumézil mostrou também que determinadas crenças romanas relativas ao culto de Júpiter ou à suposta história de Horácio, o vencedor dos Curiácios, ou então à do "rei" Servius só podiam ser de fato explicadas com a intervenção de fatos sociais bem anteriores ao nascimento de uma cidade e de um povo romano. A lenda de Horácio, especialmente, nos mostraria uma fabulação formada em torno de um rito de iniciação e de provas impostas ao jovem guerreiro que vai ser admitido na classe condizente com sua idade.

Contudo, apesar dos sucessos inegáveis, esse método parece encontrar dificuldades quando se trata de explicar os mitos helênicos. Nesse caso, as analogias são mais longínquas, menos claras, como se fatores externos viessem perturbar a continuidade esperada. E, com efeito, parece que a tradição indo-europeia é insuficiente para dar conta de todos os elementos contidos nos mitos gregos: foram muitas as influências exercidas, em tempos remotos, sobre a bacia do mar Egeu, e o resultado é uma síntese complexa cuja base – até mesmo ela – é possivelmente estrangeira ao domínio indo-europeu. Por diversas vezes fizemos alusão às origens "egeias", ou pré-helênicas, desta ou daquela crença, deste ou daquele herói. Os países semitas forneceram seus aportes. Nem mesmo o Egito deixou de estar presente. A trama é extremamente embaraçada: Hércules tem traços aqueus, mas também os obteve do herói asiático Gilgamesh, e, levado aos limites, o novo método comparativo também corre o risco de deixar escapar a individualidade do mito. Como todas as tentativas para determinar, em detalhes, a história de uma evolução histórica, reconstituições fundadas em fatos incertos, mal conhecidos ou simplesmente supostos não podem propor senão um esquema verossímil, porém, no mais das vezes, desprovido inteiramente de certeza.

Por fim, a reflexão dos filósofos, ou mesmo dos psicólogos contemporâneos, também foi exercida sobre os mitos. Aos olhos de alguns dos "psicanalistas", o mito surgiu como o local por excelência onde devem se refugiar sublimações e símbolos. A mitologia seria um verdadeiro "subconsciente" dos povos antigos, onde estariam representados suas aspirações, seus terrores e tudo aquilo que a moral consciente recusava, horrorizada. E, de fato, nos mitos há aventuras imorais, incestos e assassinatos suficientes para satisfazer o mais intrépido dos discípulos de Freud. Pouco importa que essas aventuras se situem em um tempo anterior ao estabelecimento das normas que atribuem a semelhantes ações uma proibição moral. Nem por isso se tornam menos reveladoras da alma humana, cujos pesadelos e sonhos, desse modo, adquirem corpo.

Concepção estimulante, essa psicanálise dos mitos tem o grande mérito de conceder uma vida e uma espécie de atualidade nova às antigas lendas. Quem não conhece o "complexo de Édipo", ou o de Electra? Amor incestuoso ou ódio da mãe, ódio do pai ou, ao contrário, desejo secreto de sua ternura e atenções – talvez tudo isso esteja incluído nos velhos temas lendários, mas, como em toda consciência humana, sob uma forma secreta e sem que ninguém se dê conta. E então, nessa perspectiva, os mitos adquirem um valor privilegiado: eles exibem "posições" bem definidas, índoles de algum modo estilizadas. Há a experiência de Antígona, a de Orestes, nas quais não nos é proibido colocar nossas próprias experiências. A tentativa não é nova: não é o que já foi feito por Ésquilo ao se basear na lenda de Prometeu, seguramente ignorando que se tratava de um dos avatares do ciclo da ambrosia e modelando com esse material a figura eterna do redentor?

Coleção **L&PM** POCKET (LANÇAMENTOS MAIS RECENTES)

115.**A relíquia** – Eça de Queiroz
117.**Livro do corpo** – Vários
118.**Lira dos 20 anos** – Álvares de Azevedo
119.**Esaú e Jacó** – Machado de Assis
120.**A barcarola** – Pablo Neruda
121.**Os conquistadores** – Júlio Verne
122.**Contos breves** – G. Apollinaire
123.**Taipi** – Herman Melville
124.**Livro dos desaforos** – org. de Sergio Faraco
125.**A mão e a luva** – Machado de Assis
126.**Doutor Miragem** – Moacyr Scliar
127.**O penitente** – Isaac B. Singer
128.**Diários da descoberta da América** – Cristóvão Colombo
129.**Édipo Rei** – Sófocles
130.**Romeu e Julieta** – Shakespeare
131.**Hollywood** – Bukowski
132.**Billy the Kid** – Pat Garrett
133.**Cuca fundida** – Woody Allen
134.**O jogador** – Dostoiévski
135.**O livro da selva** – Rudyard Kipling
136.**O vale do terror** – Arthur Conan Doyle
137.**Dançar tango em Porto Alegre** – S. Faraco
138.**O gaúcho** – Carlos Reverbel
139.**A volta ao mundo em oitenta dias** – J. Verne
140.**O livro dos esnobes** – W. M. Thackeray
141.**Amor & morte em Poodle Springs** – Raymond Chandler & R. Parker
142.**As aventuras de David Balfour** – Stevenson
143.**Alice no país das maravilhas** – Lewis Carroll
144.**A ressurreição** – Machado de Assis
145.**Inimigos, uma história de amor** – I. Singer
146.**O Guarani** – José de Alencar
147.**A cidade e as serras** – Eça de Queiroz
148.**Eu e outras poesias** – Augusto dos Anjos
149.**A mulher de trinta anos** – Balzac
150.**Pomba enamorada** – Lygia F. Telles
151.**Contos fluminenses** – Machado de Assis
152.**Antes de Adão** – Jack London
153.**Intervalo amoroso** – A.Romano de Sant'Anna
154.**Memorial de Aires** – Machado de Assis
155.**Naufrágios e comentários** – Cabeza de Vaca
156.**Ubirajara** – José de Alencar
157.**Textos anarquistas** – Bakunin
159.**Amor de salvação** – Camilo Castelo Branco
160.**O gaúcho** – José de Alencar
161.**O livro das maravilhas** – Marco Polo
162.**Inocência** – Visconde de Taunay
163.**Helena** – Machado de Assis
164.**Uma estação de amor** – Horácio Quiroga
165.**Poesia reunida** – Martha Medeiros
166.**Memórias de Sherlock Holmes** – Conan Doyle
167.**A vida de Mozart** – Stendhal
168.**O primeiro terço** – Neal Cassady
169.**O mandarim** – Eça de Queiroz
170.**Um espinho de marfim** – Marina Colasanti
171.**A ilustre Casa de Ramires** – Eça de Queiroz
172.**Lucíola** – José de Alencar
173.**Antígona** – Sófocles – trad. Donaldo Schüler
174.**Otelo** – William Shakespeare
175.**Antologia** – Gregório de Matos
176.**A liberdade de imprensa** – Karl Marx
177.**Casa de pensão** – Aluísio Azevedo
178.**São Manuel Bueno, Mártir** – Unamuno
179.**Primaveras** – Casimiro de Abreu
180.**O noviço** – Martins Pena
181.**O sertanejo** – José de Alencar
182.**Eurico, o presbítero** – Alexandre Herculano
183.**O signo dos quatro** – Conan Doyle
184.**Sete anos no Tibet** – Heinrich Harrer
185.**Vagamundo** – Eduardo Galeano
186.**De repente acidentes** – Carl Solomon
187.**As minas de Salomão** – Rider Haggar
188.**Uivo** – Allen Ginsberg
189.**A ciclista solitária** – Conan Doyle
190.**Os seis bustos de Napoleão** – Conan Doyle
191.**Cortejo do divino** – Nelida Piñon
194.**Os crimes do amor** – Marquês de Sade
195.**Besame Mucho** – Mário Prata
196.**Tuareg** – Alberto Vázquez-Figueroa
197.**O longo adeus** – Raymond Chandler
199.**Notas de um velho safado** – Bukowski
200.**111 ais** – Dalton Trevisan
201.**O nariz** – Nicolai Gogol
202.**O capote** – Nicolai Gogol
203.**Macbeth** – William Shakespeare
204.**Heráclito** – Donaldo Schüler
205.**Você deve desistir, Osvaldo** – Cyro Martins
206.**Memórias de Garibaldi** – A. Dumas
207.**A arte da guerra** – Sun Tzu
208.**Fragmentos** – Caio Fernando Abreu
209.**Festa no castelo** – Moacyr Scliar
210.**O grande deflorador** – Dalton Trevisan
212.**Homem do princípio ao fim** – Millôr Fernandes
213.**Aline e seus dois namorados (1)** – A. Iturrusgarai
214.**A juba do leão** – Sir Arthur Conan Doyle
215.**Assassino metido a esperto** – R. Chandler
216.**Confissões de um comedor de ópio** – Thomas De Quincey
217.**Os sofrimentos do jovem Werther** – Goethe
218.**Fedra** – Racine / Trad. Millôr Fernandes
219.**O vampiro de Sussex** – Conan Doyle
220.**Sonho de uma noite de verão** – Shakespeare
221.**Dias e noites de amor e de guerra** – Galeano
222.**O Profeta** – Khalil Gibran
223.**Flávia, cabeça, tronco e membros** – M. Fernandes
224.**Guia da ópera** – Jeanne Suhamy
225.**Macário** – Álvares de Azevedo
226.**Etiqueta na prática** – Celia Ribeiro
227.**Manifesto do partido comunista** – Marx & Engels
228.**Poemas** – Millôr Fernandes
229.**Um inimigo do povo** – Henrik Ibsen
230.**O paraíso destruído** – Frei B. de las Casas
231.**O gato no escuro** – Josué Guimarães
232.**O mágico de Oz** – L. Frank Baum
233.**Armas no Cyrano's** – Raymond Chandler
234.**Max e os felinos** – Moacyr Scliar
235.**Nos céus de Paris** – Alcy Cheuiche
236.**Os bandoleiros** – Schiller

237.**A primeira coisa que eu botei na boca** – Deonísio da Silva
238.**As aventuras de Simbad, o marújo**
239.**O retrato de Dorian Gray** – Oscar Wilde
240.**A carteira de meu tio** – J. Manuel de Macedo
241.**A luneta mágica** – J. Manuel de Macedo
242.**A metamorfose** – Kafka
243.**A flecha de ouro** – Joseph Conrad
244.**A ilha do tesouro** – R. L. Stevenson
245.**Marx - Vida & Obra** – José A. Giannotti
246.**Gênesis**
247.**Unidos para sempre** – Ruth Rendell
248.**A arte de amar** – Ovídio
249.**O sono eterno** – Raymond Chandler
250.**Novas receitas do Anonymus Gourmet** – J.A.P.M.
251.**A nova catacumba** – Arthur Conan Doyle
252.**Dr. Negro** – Arthur Conan Doyle
253.**Os voluntários** – Moacyr Scliar
254.**A bela adormecida** – Irmãos Grimm
255.**O príncipe sapo** – Irmãos Grimm
256.**Confissões *e* Memórias** – H. Heine
257.**Viva o Alegrete** – Sergio Faraco
258.**Vou estar esperando** – R. Chandler
259.**A senhora Beate e seu filho** – Schnitzler
260.**O ovo apunhalado** – Caio Fernando Abreu
261.**O ciclo das águas** – Moacyr Scliar
262.**Millôr Definitivo** – Millôr Fernandes
264.**Viagem ao centro da Terra** – Júlio Verne
265.**A dama do lago** – Raymond Chandler
266.**Caninos brancos** – Jack London
267.**O médico e o monstro** – R. L. Stevenson
268.**A tempestade** – William Shakespeare
269.**Assassinatos na rua Morgue** – E. Allan Poe
270.**99 corruíras nanicas** – Dalton Trevisan
271.**Broquéis** – Cruz e Sousa
272.**Mês de cães danados** – Moacyr Scliar
273.**Anarquistas – vol. 1 – A idéia** – G.Woodcock
274.**Anarquistas – vol. 2 – O movimento** – G.Woodcock
275.**Pai e filho, filho e pai** – Moacyr Scliar
276.**As aventuras de Tom Sawyer** – Mark Twain
277.**Muito barulho por nada** – W. Shakespeare
278.**Elogio da loucura** – Erasmo
279.**Autobiografia de Alice B. Toklas** – G. Stein
280.**O chamado da floresta** – J. London
281.**Uma agulha para o diabo** – Ruth Rendell
282.**Verdes vales do fim do mundo** – A. Bivar
283.**Ovelhas negras** – Caio Fernando Abreu
284.**O fantasma de Canterville** – O. Wilde
285.**Receitas de Yayá Ribeiro** – Celia Ribeiro
286.**A galinha degolada** – H. Quiroga
287.**O último adeus de Sherlock Holmes** – A. Conan Doyle
288.**A. Gourmet *em* Histórias de cama & mesa** – J. A. Pinheiro Machado
289.**Topless** – Martha Medeiros
290.**Mais receitas do Anonymus Gourmet** – J. A. Pinheiro Machado
291.**Origens do discurso democrático** – D. Schüler
292.**Humor politicamente incorreto** – Nani
293.**O teatro do bem e do mal** – E. Galeano
294.**Garibaldi & Manoela** – J. Guimarães
295.**10 dias que abalaram o mundo** – John Reed
296.**Numa fria** – Bukowski
297.**Poesia de Florbela Espanca** vol. 1
298.**Poesia de Florbela Espanca** vol. 2
299.**Escreva certo** – E. Oliveira e M. E. Bernd
300.**O vermelho e o negro** – Stendhal
301.**Ecce homo** – Friedrich Nietzsche
302(7).**Comer bem, sem culpa** – Dr. Fernando Lucchese, A. Gourmet e Iotti
303.**O livro de Cesário Verde** – Cesário Verde
305.**100 receitas de macarrão** – S. Lancellotti
306.**160 receitas de molhos** – S. Lancellotti
307.**100 receitas light** – H. e Â. Tonetto
308.**100 receitas de sobremesas** – Celia Ribeiro
309.**Mais de 100 dicas de churrasco** – Leon Diziekaniak
310.**100 receitas de acompanhamentos** – C. Cabeda
311.**Honra ou vendetta** – S. Lancellotti
312.**A alma do homem sob o socialismo** – Oscar Wilde
313.**Tudo sobre Yôga** – Mestre De Rose
314.**Os varões assinalados** – Tabajara Ruas
315.**Édipo em Colono** – Sófocles
316.**Lisístrata** – Aristófanes / trad. Millôr
317.**Sonhos de Bunker Hill** – John Fante
318.**Os deuses de Raquel** – Moacyr Scliar
319.**O colosso de Marússia** – Henry Miller
320.**As eruditas** – Molière / trad. Millôr
321.**Radicci 1** – Iotti
322.**Os Sete contra Tebas** – Ésquilo
323.**Brasil Terra à vista** – Eduardo Bueno
324.**Radicci 2** – Iotti
325.**Júlio César** – William Shakespeare
326.**A carta de Pero Vaz de Caminha**
327.**Cozinha Clássica** – Sílvio Lancellotti
328.**Madame Bovary** – Gustave Flaubert
329.**Dicionário do viajante insólito** – M. Scliar
330.**O capitão saiu para o almoço...** – Bukowski
331.**A carta roubada** – Edgar Allan Poe
332.**É tarde para saber** – Josué Guimarães
333.**O livro de bolso da Astrologia** – Maggy Harrisonx e Mellina Li
334.**1933 foi um ano ruim** – John Fante
335.**100 receitas de arroz** – Aninha Comas
336.**Guia prático do Português correto – vol. 1** – Cláudio Moreno
337.**Bartleby, o escriturário** – H. Melville
338.**Enterrem meu coração na curva do rio** – Dee Brown
339.**Um conto de Natal** – Charles Dickens
340.**Cozinha sem segredos** – J. A. P. Machado
341.**A dama das Camélias** – A. Dumas Filho
342.**Alimentação saudável** – H. e Â. Tonetto
343.**Continhos galantes** – Dalton Trevisan
344.**A Divina Comédia** – Dante Alighieri
345.**A Dupla Sertanojo** – Santiago
346.**Cavalos do amanhecer** – Mario Arregui
347.**Biografia de Vincent van Gogh por sua cunhada** – Jo van Gogh-Bonger
348.**Radicci 3** – Iotti
349.**Nada de novo no front** – E. M. Remarque
350.**A hora dos assassinos** – Henry Miller
351.**Flush – Memórias de um cão** – Virginia Woolf
352.**A guerra no Bom Fim** – M. Scliar
353(1).**O caso Saint-Fiacre** – Simenon
354(2).**Morte na alta sociedade** – Simenon
355(3).**O cão amarelo** – Simenon

356(4).**Maigret e o homem do banco** – Simenon
357.**As uvas e o vento** – Pablo Neruda
358.**On the road** – Jack Kerouac
359.**O coração amarelo** – Pablo Neruda
360.**Livro das perguntas** – Pablo Neruda
361.**Noite de Reis** – William Shakespeare
362.**Manual de ecologia (vol.1)** – J. Lutzenberger
363.**O mais longo dos dias** – Cornelius Ryan
364.**Foi bom prá você?** – Nani
365.**Crepusculário** – Pablo Neruda
366.**A comédia dos erros** – Shakespeare
367(5).**A primeira investigação de Maigret** – Simenon
368(6).**As férias de Maigret** – Simenon
369.**Mate-me por favor (vol.1)** – L. McNeil
370.**Mate-me por favor (vol.2)** – L. McNeil
371.**Carta ao pai** – Kafka
372.**Os vagabundos iluminados** – J. Kerouac
373(7).**O enforcado** – Simenon
374(8).**A fúria de Maigret** – Simenon
375.**Vargas, uma biografia política** – H. Silva
376.**Poesia reunida (vol.1)** – A. R. de Sant'Anna
377.**Poesia reunida (vol.2)** – A. R. de Sant'Anna
378.**Alice no país do espelho** – Lewis Carroll
379.**Residência na Terra 1** – Pablo Neruda
380.**Residência na Terra 2** – Pablo Neruda
381.**Terceira Residência** – Pablo Neruda
382.**O delírio amoroso** – Bocage
383.**Futebol ao sol e à sombra** – E. Galeano
384(9).**O porto das brumas** – Simenon
385(10).**Maigret e seu morto** – Simenon
386.**Radicci 4** – Iotti
387.**Boas maneiras & sucesso nos negócios** – Celia Ribeiro
388.**Uma história Farroupilha** – M. Scliar
389.**Na mesa ninguém envelhece** – J. A. Pinheiro Machado
390.**200 receitas inéditas do Anonymus Gourmet** – J. A. Pinheiro Machado
391.**Guia prático do Português correto – vol.2** – Cláudio Moreno
392.**Breviário das terras do Brasil** – Assis Brasil
393.**Cantos Cerimoniais** – Pablo Neruda
394.**Jardim de Inverno** – Pablo Neruda
395.**Antonio e Cleópatra** – William Shakespeare
396.**Tróia** – Cláudio Moreno
397.**Meu tio matou um cara** – Jorge Furtado
398.**O anatomista** – Federico Andahazi
399.**As viagens de Gulliver** – Jonathan Swift
400.**Dom Quixote** – (v. 1) – Miguel de Cervantes
401.**Dom Quixote** – (v. 2) – Miguel de Cervantes
402.**Sozinho no Pólo Norte** – Thomaz Brandolin
403.**Matadouro 5** – Kurt Vonnegut
404.**Delta de Vênus** – Anaïs Nin
405.**O melhor de Hagar 2** – Dik Browne
406.**É grave Doutor?** – Nani
407.**Orai pornô** – Nani
408(11).**Maigret em Nova York** – Simenon
409(12).**O assassino sem rosto** – Simenon
410(13).**O mistério das jóias roubadas** – Simenon
411.**A irmãzinha** – Raymond Chandler
412.**Três contos** – Gustave Flaubert
413.**De ratos e homens** – John Steinbeck
414.**Lazarilho de Tormes** – Anônimo do séc. XVI
415.**Triângulo das águas** – Caio Fernando Abreu
416.**100 receitas de carnes** – Sílvio Lancellotti
417.**Histórias de robôs:** vol. 1 – org. Isaac Asimov
418.**Histórias de robôs:** vol. 2 – org. Isaac Asimov
419.**Histórias de robôs:** vol. 3 – org. Isaac Asimov
420.**O país dos centauros** – Tabajara Ruas
421.**A república de Anita** – Tabajara Ruas
422.**A carga dos lanceiros** – Tabajara Ruas
423.**Um amigo de Kafka** – Isaac Singer
424.**As alegres matronas de Windsor** – Shakespeare
425.**Amor e exílio** – Isaac Bashevis Singer
426.**Use & abuse do seu signo** – Marília Fiorillo e Marylou Simonsen
427.**Pigmaleão** – Bernard Shaw
428.**As fenícias** – Eurípides
429.**Everest** – Thomaz Brandolin
430.**A arte de furtar** – Anônimo do séc. XVI
431.**Billy Bud** – Herman Melville
432.**A rosa separada** – Pablo Neruda
433.**Elegia** – Pablo Neruda
434.**A garota de Cassidy** – David Goodis
435.**Como fazer a guerra: máximas de Napoleão** – Balzac
436.**Poemas escolhidos** – Emily Dickinson
437.**Gracias por el fuego** – Mario Benedetti
438.**O sofá** – Crébillon Fils
439.**O "Martín Fierro"** – Jorge Luis Borges
440.**Trabalhos de amor perdidos** – W. Shakespeare
441.**O melhor de Hagar 3** – Dik Browne
442.**Os Maias (volume1)** – Eça de Queiroz
443.**Os Maias (volume2)** – Eça de Queiroz
444.**Anti-Justine** – Restif de La Bretonne
445.**Juventude** – Joseph Conrad
446.**Contos** – Eça de Queiroz
447.**Janela para a morte** – Raymond Chandler
448.**Um amor de Swann** – Marcel Proust
449.**À paz perpétua** – Immanuel Kant
450.**A conquista do México** – Hernan Cortez
451.**Defeitos escolhidos e 2000** – Pablo Neruda
452.**O casamento do céu e do inferno** – William Blake
453.**A primeira viagem ao redor do mundo** – Antonio Pigafetta
454(14).**Uma sombra na janela** – Simenon
455(15).**A noite da encruzilhada** – Simenon
456(16).**A velha senhora** – Simenon
457.**Sartre** – Annie Cohen-Solal
458.**Discurso do método** – René Descartes
459.**Garfield em grande forma (1)** – Jim Davis
460.**Garfield está de dieta** (2) – Jim Davis
461.**O livro das feras** – Patricia Highsmith
462.**Viajante solitário** – Jack Kerouac
463.**Auto da barca do inferno** – Gil Vicente
464.**O livro vermelho dos pensamentos de Millôr** – Millôr Fernandes
465.**O livro dos abraços** – Eduardo Galeano
466.**Voltaremos!** – José Antonio Pinheiro Machado
467.**Rango** – Edgar Vasques
468(8).**Dieta mediterrânea** – Dr. Fernando Lucchese e José Antonio Pinheiro Machado
469.**Radicci 5** – Iotti
470.**Pequenos pássaros** – Anaïs Nin
471.**Guia prático do Português correto – vol.3** – Cláudio Moreno

472.**Atire no pianista** – David Goodis
473.**Antologia Poética** – García Lorca
474.**Alexandre e César** – Plutarco
475.**Uma espiã na casa do amor** – Anaïs Nin
476.**A gorda do Tiki Bar** – Dalton Trevisan
477.**Garfield um gato de peso (3)** – Jim Davis
478.**Canibais** – David Coimbra
479.**A arte de escrever** – Arthur Schopenhauer
480.**Pinóquio** – Carlo Collodi
481.**Misto-quente** – Bukowski
482.**A lua na sarjeta** – David Goodis
483.**O melhor do Recruta Zero (1)** – Mort Walker
484.**Aline: TPM – tensão pré-monstrual (2)** – Adão Iturrusgarai
485.**Sermões do Padre Antonio Vieira**
486.**Garfield numa boa (4)** – Jim Davis
487.**Mensagem** – Fernando Pessoa
488.**Vendeta** *seguido de* **A paz conjugal** – Balzac
489.**Poemas de Alberto Caeiro** – Fernando Pessoa
490.**Ferragus** – Honoré de Balzac
491.**A duquesa de Langeais** – Honoré de Balzac
492.**A menina dos olhos de ouro** – Honoré de Balzac
493.**O lírio do vale** – Honoré de Balzac
494(17).**A barcaça da morte** – Simenon
495(18).**As testemunhas rebeldes** – Simenon
496(19).**Um engano de Maigret** – Simenon
497(1).**A noite das bruxas** – Agatha Christie
498(2).**Um passe de mágica** – Agatha Christie
499(3).**Nêmesis** – Agatha Christie
500.**Esboço para uma teoria das emoções** – Sartre
501.**Renda básica de cidadania** – Eduardo Suplicy
502(1).**Pílulas para viver melhor** – Dr. Lucchese
503(2).**Pílulas para prolongar a juventude** – Dr. Lucchese
504(3).**Desembarcando o diabetes** – Dr. Lucchese
505(4).**Desembarcando o sedentarismo** – Dr. Fernando Lucchese e Cláudio Castro
506(5).**Desembarcando a hipertensão** – Dr. Lucchese
507(6).**Desembarcando o colesterol** – Dr. Fernando Lucchese e Fernanda Lucchese
508.**Estudos de mulher** – Balzac
509.**O terceiro tira** – Flann O'Brien
510.**100 receitas de aves e ovos** – J. A. P. Machado
511.**Garfield em toneladas de diversão** (5) – Jim Davis
512.**Trem-bala** – Martha Medeiros
513.**Os cães ladram** – Truman Capote
514.**O Kama Sutra de Vatsyayana**
515.**O crime do Padre Amaro** – Eça de Queiroz
516.**Odes de Ricardo Reis** – Fernando Pessoa
517.**O inverno da nossa desesperança** – Steinbeck
518.**Piratas do Tietê (1)** – Laerte
519.**Rê Bordosa: do começo ao fim** – Angeli
520.**O Harlem é escuro** – Chester Himes
521.**Café-da-manhã dos campeões** – Kurt Vonnegut
522.**Eugénie Grandet** – Balzac
523.**O último magnata** – F. Scott Fitzgerald
524.**Carol** – Patricia Highsmith
525.**100 receitas de patisseria** – Sílvio Lancellotti
526.**O fator humano** – Graham Greene
527.**Tristessa** – Jack Kerouac
528.**O diamante do tamanho do Ritz** – Scott Fitzgerald
529.**As melhores histórias de Sherlock Holmes** – Arthur Conan Doyle
530.**Cartas a um jovem poeta** – Rilke
531(20).**Memórias de Maigret** – Simenon
532(4).**O misterioso sr. Quin** – Agatha Christie
533.**Os analectos** – Confúcio
534(21).**Maigret e os homens de bem** – Simenon
535(22).**O medo de Maigret** – Simenon
536.**Ascensão e queda de César Birotteau** – Balzac
537.**Sexta-feira negra** – David Goodis
538.**Ora bolas – O humor de Mario Quintana** – Juarez Fonseca
539.**Longe daqui aqui mesmo** – Antonio Bivar
540(5).**É fácil matar** – Agatha Christie
541.**O pai Goriot** – Balzac
542.**Brasil, um país do futuro** – Stefan Zweig
543.**O processo** – Kafka
544.**O melhor de Hagar 4** – Dik Browne
545(6).**Por que não pediram a Evans?** – Agatha Christie
546.**Fanny Hill** – John Cleland
547.**O gato por dentro** – William S. Burroughs
548.**Sobre a brevidade da vida** – Sêneca
549.**Geraldão (1)** – Glauco
550.**Piratas do Tietê (2)** – Laerte
551.**Pagando o pato** – Ciça
552.**Garfield de bom humor (6)** – Jim Davis
553.**Conhece o Mário?** vol.1 – Santiago
554.**Radicci 6** – Iotti
555.**Os subterrâneos** – Jack Kerouac
556(1).**Balzac** – François Taillandier
557(2).**Modigliani** – Christian Parisot
558(3).**Kafka** – Gérard-Georges Lemaire
559(4).**Júlio César** – Joël Schmidt
560.**Receitas da família** – J. A. Pinheiro Machado
561.**Boas maneiras à mesa** – Celia Ribeiro
562(9).**Filhos sadios, pais felizes** – R. Pagnoncelli
563(10).**Fatos & mitos** – Dr. Fernando Lucchese
564.**Ménage à trois** – Paula Taitelbaum
565.**Mulheres!** – David Coimbra
566.**Poemas de Álvaro de Campos** – Fernando Pessoa
567.**Medo e outras histórias** – Stefan Zweig
568.**Snoopy e sua turma (1)** – Schulz
569.**Piadas para sempre (1)** – Visconde da Casa Verde
570.**O alvo móvel** – Ross Macdonald
571.**O melhor do Recruta Zero (2)** – Mort Walker
572.**Um sonho americano** – Norman Mailer
573.**Os broncos também amam** – Angeli
574.**Crônica de um amor louco** – Bukowski
575(5).**Freud** – René Major e Chantal Talagrand
576(6).**Picasso** – Gilles Plazy
577(7).**Gandhi** – Christine Jordis
578.**A tumba** – H. P. Lovecraft
579.**O príncipe e o mendigo** – Mark Twain
580.**Garfield, um charme de gato (7)** – Jim Davis
581.**Ilusões perdidas** – Balzac
582.**Esplendores e misérias das cortesãs** – Balzac
583.**Walter Ego** – Angeli
584.**Striptiras (1)** – Laerte
585.**Fagundes: um puxa-saco de mão cheia** – Laerte
586.**Depois do último trem** – Josué Guimarães

587.**Ricardo III** – Shakespeare
588.**Dona Anja** – Josué Guimarães
589.**24 horas na vida de uma mulher** – Stefan Zweig
590.**O terceiro homem** – Graham Greene
591.**Mulher no escuro** – Dashiell Hammett
592.**No que acredito** – Bertrand Russell
593.**Odisséia (1): Telemaquia** – Homero
594.**O cavalo cego** – Josué Guimarães
595.**Henrique V** – Shakespeare
596.**Fabulário geral do delírio cotidiano** – Bukowski
597.**Tiros na noite 1: A mulher do bandido** – Dashiell Hammett
598.**Snoopy em Feliz Dia dos Namorados! (2)** – Schulz
599.**Mas não se matam cavalos?** – Horace McCoy
600.**Crime e castigo** – Dostoiévski
601(7).**Mistério no Caribe** – Agatha Christie
602.**Odisséia (2): Regresso** – Homero
603.**Piadas para sempre (2)** – Visconde da Casa Verde
604.**À sombra do vulcão** – Malcolm Lowry
605(8).**Kerouac** – Yves Buin
606.**E agora são cinzas** – Angeli
607.**As mil e uma noites** – Paulo Caruso
608.**Um assassino entre nós** – Ruth Rendell
609.**Crack-up** – F. Scott Fitzgerald
610.**Do amor** – Stendhal
611.**Cartas do Yage** – William Burroughs e Allen Ginsberg
612.**Striptiras (2)** – Laerte
613.**Henry & June** – Anaïs Nin
614.**A piscina mortal** – Ross Macdonald
615.**Geraldão (2)** – Glauco
616.**Tempo de delicadeza** – A. R. de Sant'Anna
617.**Tiros na noite 2: Medo de tiro** – Dashiell Hammett
618.**Snoopy em Assim é a vida, Charlie Brown! (3)** – Schulz
619.**1954 – Um tiro no coração** – Hélio Silva
620.**Sobre a inspiração poética (Íon)** e ... – Platão
621.**Garfield e seus amigos (8)** – Jim Davis
622.**Odisséia (3): Ítaca** – Homero
623.**A louca matança** – Chester Himes
624.**Factótum** – Bukowski
625.**Guerra e Paz: volume 1** – Tolstói
626.**Guerra e Paz: volume 2** – Tolstói
627.**Guerra e Paz: volume 3** – Tolstói
628.**Guerra e Paz: volume 4** – Tolstói
629(9).**Shakespeare** – Claude Mourthé
630.**Bem está o que bem acaba** – Shakespeare
631.**O contrato social** – Rousseau
632.**Geração Beat** – Jack Kerouac
633.**Snoopy: É Natal! (4)** – Charles Schulz
634(8).**Testemunha da acusação** – Agatha Christie
635.**Um elefante no caos** – Millôr Fernandes
636.**Guia de leitura (100 autores que você precisa ler)** – Organização de Léa Masina
637.**Pistoleiros também mandam flores** – David Coimbra
638.**O prazer das palavras** – vol. 1 – Cláudio Moreno
639.**O prazer das palavras** – vol. 2 – Cláudio Moreno
640.**Novíssimo testamento: com Deus e o diabo, a dupla da criação** – Iotti
641.**Literatura Brasileira: modos de usar** – Luís Augusto Fischer
642.**Dicionário de Porto-Alegrês** – Luís A. Fischer
643.**Clô Dias & Noites** – Sérgio Jockymann
644.**Memorial de Isla Negra** – Pablo Neruda
645.**Um homem extraordinário e outras histórias** – Tchékhov
646.**Ana sem terra** – Alcy Cheuiche
647.**Adultérios** – Woody Allen
648.**Para sempre ou nunca mais** – R. Chandler
649.**Nosso homem em Havana** – Graham Greene
650.**Dicionário Caldas Aulete de Bolso**
651.**Snoopy: Posso fazer uma pergunta, professora? (5)** – Charles Schulz
652(10).**Luís XVI** – Bernard Vincent
653.**O mercador de Veneza** – Shakespeare
654.**Cancioneiro** – Fernando Pessoa
655.**Non-Stop** – Martha Medeiros
656.**Carpinteiros, levantem bem alto a cumeeira & Seymour, uma apresentação** – J.D.Salinger
657.**Ensaios céticos** – Bertrand Russell
658.**O melhor de Hagar 5** – Dik e Chris Browne
659.**Primeiro amor** – Ivan Turguêniev
660.**A trégua** – Mario Benedetti
661.**Um parque de diversões da cabeça** – Lawrence Ferlinghetti
662.**Aprendendo a viver** – Sêneca
663.**Garfield, um gato em apuros (9)** – Jim Davis
664.**Dilbert 1** – Scott Adams
665.**Dicionário de dificuldades** – Domingos Paschoal Cegalla
666.**A imaginação** – Jean-Paul Sartre
667.**O ladrão e os cães** – Naguib Mahfuz
668.**Gramática do português contemporâneo** – Celso Cunha
669.**A volta do parafuso** *seguido de* **Daisy Miller** – Henry James
670.**Notas do subsolo** – Dostoiévski
671.**Abobrinhas da Brasilônia** – Glauco
672.**Geraldão (3)** – Glauco
673.**Piadas para sempre (3)** – Visconde da Casa Verde
674.**Duas viagens ao Brasil** – Hans Staden
675.**Bandeira de bolso** – Manuel Bandeira
676.**A arte da guerra** – Maquiavel
677.**Além do bem e do mal** – Nietzsche
678.**O coronel Chabert** *seguido de* **A mulher abandonada** – Balzac
679.**O sorriso de marfim** – Ross Macdonald
680.**100 receitas de pescados** – Sílvio Lancellotti
681.**O juiz e seu carrasco** – Friedrich Dürrenmatt
682.**Noites brancas** – Dostoiévski
683.**Quadras ao gosto popular** – Fernando Pessoa
684.**Romanceiro da Inconfidência** – Cecília Meireles
685.**Kaos** – Millôr Fernandes
686.**A pele de onagro** – Balzac
687.**As ligações perigosas** – Choderlos de Laclos
688.**Dicionário de matemática** – Luiz Fernandes Cardoso
689.**Os Lusíadas** – Luís Vaz de Camões
690(11).**Átila** – Éric Deschodt
691.**Um jeito tranqüilo de matar** – Chester Himes
692.**A felicidade conjugal** *seguido de* **O diabo** – Tolstói

693.**Viagem de um naturalista ao redor do mundo** – vol. 1 – Charles Darwin
694.**Viagem de um naturalista ao redor do mundo** – vol. 2 – Charles Darwin
695.**Memórias da casa dos mortos** – Dostoiévski
696.**A Celestina** – Fernando de Rojas
697.**Snoopy: Como você é azarado, Charlie Brown! (6)** – Charles Schulz
698.**Dez (quase) amores** – Claudia Tajes
699(9).**Poirot sempre espera** – Agatha Christie
700.**Cecília de bolso** – Cecília Meireles
701.**Apologia de Sócrates** *precedido de* **Êutifron** e *seguido de* **Críton** – Platão
702.**Wood & Stock** – Angeli
703.**Striptiras (3)** – Laerte
704.**Discurso sobre a origem e os fundamentos da desigualdade entre os homens** – Rousseau
705.**Os duelistas** – Joseph Conrad
706.**Dilbert (2)** – Scott Adams
707.**Viver e escrever** (vol. 1) – Edla van Steen
708.**Viver e escrever** (vol. 2) – Edla van Steen
709.**Viver e escrever** (vol. 3) – Edla van Steen
710(10).**A teia da aranha** – Agatha Christie
711.**O banquete** – Platão
712.**Os belos e malditos** – F. Scott Fitzgerald
713.**Libelo contra a arte moderna** – Salvador Dalí
714.**Akropolis** – Valerio Massimo Manfredi
715.**Devoradores de mortos** – Michael Crichton
716.**Sob o sol da Toscana** – Frances Mayes
717.**Batom na cueca** – Nani
718.**Vida dura** – Claudia Tajes
719.**Carne trêmula** – Ruth Rendell
720.**Cris, a fera** – David Coimbra
721.**O anticristo** – Nietzsche
722.**Como um romance** – Daniel Pennac
723.**Emboscada no Forte Bragg** – Tom Wolfe
724.**Assédio sexual** – Michael Crichton
725.**O espírito do Zen** – Alan W. Watts
726.**Um bonde chamado desejo** – Tennessee Williams
727.**Como gostais** *seguido de* **Conto de inverno** – Shakespeare
728.**Tratado sobre a tolerância** – Voltaire
729.**Snoopy: Doces ou travessuras? (7)** – Charles Schulz
730.**Cardápios do Anonymus Gourmet** – J.A. Pinheiro Machado
731.**100 receitas com lata** – J.A. Pinheiro Machado
732.**Conhece o Mário?** vol.2 – Santiago
733.**Dilbert (3)** – Scott Adams
734.**História de um louco amor** *seguido de* **Passado amor** – Horacio Quiroga
735(11).**Sexo: muito prazer** – Laura Meyer da Silva
736(12).**Para entender o adolescente** – Dr. Ronald Pagnoncelli
737(13).**Desembarcando a tristeza** – Dr. Fernando Lucchese
738.**Poirot e o mistério da arca espanhola & outras histórias** – Agatha Christie
739.**A última legião** – Valerio Massimo Manfredi
740.**As virgens suicidas** – Jeffrey Eugenides
741.**Sol nascente** – Michael Crichton
742.**Duzentos ladrões** – Dalton Trevisan
743.**Os devaneios do caminhante solitário** – Rousseau
744.**Garfield, o rei da preguiça (10)** – Jim Davis
745.**Os magnatas** – Charles R. Morris
746.**Pulp** – Charles Bukowski
747.**Enquanto agonizo** – William Faulkner
748.**Aline: viciada em sexo (3)** – Adão Iturrusgarai
749.**A dama do cachorrinho** – Anton Tchékhov
750.**Tito Andrônico** – Shakespeare
751.**Antologia poética** – Anna Akhmátova
752.**O melhor de Hagar 6** – Dik e Chris Browne
753(12).**Michelangelo** – Nadine Sautel
754.**Dilbert (4)** – Scott Adams
755.**O jardim das cerejeiras** *seguido de* **Tio Vânia** – Tchékhov
756.**Geração Beat** – Claudio Willer
757.**Santos Dumont** – Alcy Cheuiche
758.**Budismo** – Claude B. Levenson
759.**Cleópatra** – Christian-Georges Schwentzel
760.**Revolução Francesa** – Frédéric Bluche, Stéphane Rials e Jean Tulard
761.**A crise de 1929** – Bernard Gazier
762.**Sigmund Freud** – Edson Sousa e Paulo Endo
763.**Império Romano** – Patrick Le Roux
764.**Cruzadas** – Cécile Morrisson
765.**O mistério do Trem Azul** – Agatha Christie
766.**Os escrúpulos de Maigret** – Simenon
767.**Maigret se diverte** – Simenon
768.**Senso comum** – Thomas Paine
769.**O parque dos dinossauros** – Michael Crichton
770.**Trilogia da paixão** – Goethe
771.**A simples arte de matar** (vol.1) – R. Chandler
772.**A simples arte de matar** (vol.2) – R. Chandler
773.**Snoopy: No mundo da lua! (8)** – Charles Schulz
774.**Os Quatro Grandes** – Agatha Christie
775.**Um brinde de cianureto** – Agatha Christie
776.**Súplicas atendidas** – Truman Capote
777.**Ainda restam aveleiras** – Simenon
778.**Maigret e o ladrão preguiçoso** – Simenon
779.**A viúva imortal** – Millôr Fernandes
780.**Cabala** – Roland Goetschel
781.**Capitalismo** – Claude Jessua
782.**Mitologia grega** – Pierre Grimal
783.**Economia: 100 palavras-chave** – Jean-Paul Betbèze
784.**Marxismo** – Henri Lefebvre
785.**Punição para a inocência** – Agatha Christie
786.**A extravagância do morto** – Agatha Christie
787(13).**Cézanne** – Bernard Fauconnier
788.**A identidade Bourne** – Robert Ludlum
789.**Da tranquilidade da alma** – Sêneca
790.**Um artista da fome** *seguido de* **Na colônia penal e outras histórias** – Kafka
791.**Histórias de fantasmas** – Charles Dickens
792.**A louca de Maigret** – Simenon
793.**O amigo de infância de Maigret** – Simenon
794.**O revólver de Maigret** – Simenon
795.**A fuga do sr. Monde** – Simenon
796.**O Uraguai** – Basílio da Gama
797.**A mão misteriosa** – Agatha Christie
798.**Testemunha ocular do crime** – Agatha Christie
799.**Crepúsculo dos ídolos** – Friedrich Nietzsche
800.**Maigret e o negociante de vinhos** – Simemon
801.**Maigret e o mendigo** – Simenon
802.**O grande golpe** – Dashiell Hammett
803.**Humor barra pesada** – Nani

804.**Vinho** – Jean-François Gautier
805.**Egito Antigo** – Sophie Desplancques
806(14).**Baudelaire** – Jean-Baptiste Baronian
807.**Caminho da sabedoria, caminho da paz** – Dalai Lama e Felizitas von Schönborn
808.**Senhor e servo e outras histórias** – Tolstói
809.**Os cadernos de Malte Laurids Brigge** – Rilke
810.**Dilbert (5)** – Scott Adams
811.**Big Sur** – Jack Kerouac
812.**Seguindo a correnteza** – Agatha Christie
813.**O álibi** – Sandra Brown
814.**Montanha-russa** – Martha Medeiros
815.**Coisas da vida** – Martha Medeiros
816.**A cantada infalível** *seguido de* **A mulher do centroavante** – David Coimbra
817.**Maigret e os crimes do cais** – Simenon
818.**Sinal vermelho** – Simenon
819.**Snoopy: Pausa para a soneca (9)** – Charles Schulz
820.**De pernas pro ar** – Eduardo Galeano
821.**Tragédias gregas** – Pascal Thiercy
822.**Existencialismo** – Jacques Colette
823.**Nietzsche** – Jean Granier
824.**Amar ou depender?** – Walter Riso
825.**Darmapada: A doutrina budista em versos**
826.**J'Accuse...! – a verdade em marcha** – Zola
827.**Os crimes ABC** – Agatha Christie
828.**Um gato entre os pombos** – Agatha Christie
829.**Maigret e o sumiço do sr. Charles** – Simenon
830.**Maigret e a morte do jogador** – Simenon
831.**Dicionário de teatro** – Luiz Paulo Vasconcellos
832.**Cartas extraviadas** – Martha Medeiros
833.**A longa viagem de prazer** – J. J. Morosoli
834.**Receitas fáceis** – J. A. Pinheiro Machado
835.(14).**Mais fatos & mitos** – Dr. Fernando Lucchese
836.(15).**Boa viagem!** – Dr. Fernando Lucchese
837.**Aline: Finalmente nua!!!** (4) – Adão Iturrusgarai
838.**Mônica tem uma novidade!** – Mauricio de Sousa
839.**Cebolinha em apuros!** – Mauricio de Sousa
840.**Sócios no crime** – Agatha Christie
841.**Bocas do tempo** – Eduardo Galeano
842.**Orgulho e preconceito** – Jane Austen
843.**Impressionismo** – Dominique Lobstein
844.**Escrita chinesa** – Viviane Alleton
845.**Paris: uma história** – Yvan Combeau
846(15).**Van Gogh** – David Haziot
847.**Maigret e o corpo sem cabeça** – Simenon
848.**Portal do destino** – Agatha Christie
849.**O futuro de uma ilusão** – Freud
850.**O mal-estar na cultura** – Freud
851.**Maigret e o matador** – Simenon
852.**Maigret e o fantasma** – Simenon
853.**Um crime adormecido** – Agatha Christie
854.**Satori em Paris** – Jack Kerouac
855.**Medo e delírio em Las Vegas** – Hunter Thompson
856.**Um negócio fracassado e outros contos de humor** – Tchékhov
857.**Mônica está de férias!** – Mauricio de Sousa
858.**De quem é esse coelho?** – Mauricio de Sousa
859.**O burgomestre de Furnes** – Simenon
860.**O mistério Sittaford** – Agatha Christie
861.**Manhã transfigurada** – Luiz Antonio de Assis Brasil
862.**Alexandre, o Grande** – Pierre Briant
863.**Jesus** – Charles Perrot
864.**Islã** – Paul Balta
865.**Guerra da Secessão** – Farid Ameur
866.**Um rio que vem da Grécia** – Cláudio Moreno
867.**Maigret e os colegas americanos** – Simenon
868.**Assassinato na casa do pastor** – Agatha Christie
869.**Manual do líder** – Napoleão Bonaparte
870(16).**Billie Holiday** – Sylvia Fol
871.**Bidu arrasando!** – Mauricio de Sousa
872.**Desventuras em família** – Mauricio de Sousa
873.**Liberty Bar** – Simenon
874.**E no final a morte** – Agatha Christie
875.**Guia prático do Português correto – vol. 4** – Cláudio Moreno
876.**Dilbert (6)** – Scott Adams
877(17).**Leonardo da Vinci** – Sophie Chauveau
878.**Bella Toscana** – Frances Mayes
879.**A arte da ficção** – David Lodge
880.**Striptiras (4)** – Laerte
881.**Skrotinhos** – Angeli
882.**Depois do funeral** – Agatha Christie
883.**Radicci 7** – Iotti
884.**Walden** – H. D. Thoreau
885.**Lincoln** – Allen C. Guelzo
886.**Primeira Guerra Mundial** – Michael Howard
887.**A linha de sombra** – Joseph Conrad
888.**O amor é um cão dos diabos** – Bukowski
889.**Maigret sai em viagem** – Simenon
890.**Despertar: uma vida de Buda** – Jack Kerouac
891(18).**Albert Einstein** – Laurent Seksik
892.**Hell's Angels** – Hunter Thompson
893.**Ausência na primavera** – Agatha Christie
894.**Dilbert (7)** – Scott Adams
895.**Ao sul de lugar nenhum** – Bukowski
896.**Maquiavel** – Quentin Skinner
897.**Sócrates** – C.C.W. Taylor
898.**A casa do canal** – Simenon
899.**O Natal de Poirot** – Agatha Christie
900.**As veias abertas da América Latina** – Eduardo Galeano
901.**Snoopy: Sempre alerta! (10)** – Charles Schulz
902.**Chico Bento: Plantando confusão** – Mauricio de Sousa
903.**Penadinho: Quem é morto sempre aparece** – Mauricio de Sousa
904.**A vida sexual da mulher feia** – Claudia Tajes
905.**100 segredos de liquidificador** – José Antonio Pinheiro Machado
906.**Sexo muito prazer 2** – Laura Meyer da Silva
907.**Os nascimentos** – Eduardo Galeano
908.**As caras e as máscaras** – Eduardo Galeano
909.**O século do vento** – Eduardo Galeano
910.**Poirot perde uma cliente** – Agatha Christie
911.**Cérebro** – Michael O'Shea
912.**O escaravelho de ouro e outras histórias** – Edgar Allan Poe
913.**Piadas para sempre (4)** – Visconde da Casa Verde
914.**100 receitas de massas light** – Helena Tonetto
915(19).**Oscar Wilde** – Daniel Salvatore Schiffer
916.**Uma breve história do mundo** – H. G. Wells
917.**A Casa do Penhasco** – Agatha Christie
918.**Maigret e o finado sr. Gallet** – Simenon
919.**John M. Keynes** – Bernard Gazier

920(20).**Virginia Woolf** – Alexandra Lemasson
921.**Peter e Wendy** *seguido de* **Peter Pan em Kensington Gardens** – J. M. Barrie
922.**Aline: numas de colegial (5)** – Adão Iturrusgarai
923.**Uma dose mortal** – Agatha Christie
924.**Os trabalhos de Hércules** – Agatha Christie
925.**Maigret na escola** – Simenon
926.**Kant** – Roger Scruton
927.**A inocência do Padre Brown** – G.K. Chesterton
928.**Casa Velha** – Machado de Assis
929.**Marcas de nascença** – Nancy Huston
930.**Aulete de bolso**
931.**Hora Zero** – Agatha Christie
932.**Morte na Mesopotâmia** – Agatha Christie
933.**Um crime na Holanda** – Simenon
934.**Nem te conto, João** – Dalton Trevisan
935.**As aventuras de Huckleberry Finn** – Mark Twain
936(21).**Marilyn Monroe** – Anne Plantagenet
937.**China moderna** – Rana Mitter
938.**Dinossauros** – David Norman
939.**Louca por homem** – Claudia Tajes
940.**Amores de alto risco** – Walter Riso
941.**Jogo de damas** – David Coimbra
942.**Filha é filha** – Agatha Christie
943.**M ou N?** – Agatha Christie
944.**Maigret se defende** – Simenon
945.**Bidu: diversão em dobro!** – Mauricio de Sousa
946.**Fogo** – Anaïs Nin
947.**Rum: diário de um jornalista bêbado** – Hunter Thompson
948.**Persuasão** – Jane Austen
949.**Lágrimas na chuva** – Sergio Faraco
950.**Mulheres** – Bukowski
951.**Um pressentimento funesto** – Agatha Christie
952.**Cartas na mesa** – Agatha Christie
953.**Maigret em Vichy** – Simenon
954.**O lobo do mar** – Jack London
955.**Os gatos** – Patricia Highsmith
956(22).**Jesus** – Christiane Rancé
957.**História da medicina** – William Bynum
958.**O Morro dos Ventos Uivantes** – Emily Brontë
959.**A filosofia na era trágica dos gregos** – Nietzsche
960.**Os treze problemas** – Agatha Christie
961.**A massagista japonesa** – Moacyr Scliar
962.**A taberna dos dois tostões** – Simenon
963.**Humor do miserê** – Nani
964.**Todo o mundo tem dúvida, inclusive você** – Édison de Oliveira
965.**A dama do Bar Nevada** – Sergio Faraco
966.**O Smurf Repórter** – Peyo
967.**O Bebê Smurf** – Peyo
968.**Maigret e os flamengos** – Simenon
969.**O psicopata americano** – Bret Easton Ellis
970.**Ensaios de amor** – Alain de Botton
971.**O grande Gatsby** – F. Scott Fitzgerald
972.**Por que não sou cristão** – Bertrand Russell
973.**A Casa Torta** – Agatha Christie
974.**Encontro com a morte** – Agatha Christie
975(23).**Rimbaud** – Jean-Baptiste Baronian
976.**Cartas na rua** – Bukowski
977.**Memória** – Jonathan K. Foster
978.**A abadia de Northanger** – Jane Austen
979.**As pernas de Úrsula** – Claudia Tajes
980.**Retrato inacabado** – Agatha Christie
981.**Solanin (1)** – Inio Asano
982.**Solanin (2)** – Inio Asano
983.**Aventuras de menino** – Mitsuru Adachi
984(16).**Fatos & mitos sobre sua alimentação** – Dr. Fernando Lucchese
985.**Teoria quântica** – John Polkinghorne
986.**O eterno marido** – Fiódor Dostoiévski
987.**Um safado em Dublin** – J. P. Donleavy
988.**Mirinha** – Dalton Trevisan
989.**Akhenaton e Nefertiti** – Carmen Seganfredo e A. S. Franchini
990.**On the Road – o manuscrito original** – Jack Kerouac
991.**Relatividade** – Russell Stannard
992.**Abaixo de zero** – Bret Easton Ellis
993(24).**Andy Warhol** – Mériam Korichi
994.**Maigret** – Simenon
995.**Os últimos casos de Miss Marple** – Agatha Christie
996.**Nico Demo** – Mauricio de Sousa
997.**Maigret e a mulher do ladrão** – Simenon
998.**Rousseau** – Robert Wokler
999.**Noite sem fim** – Agatha Christie
1000.**Diários de Andy Warhol (1)** – Editado por Pat Hackett
1001.**Diários de Andy Warhol (2)** – Editado por Pat Hackett
1002.**Cartier-Bresson: o olhar do século** – Pierre Assouline
1003.**As melhores histórias da mitologia: vol. 1** – A.S. Franchini e Carmen Seganfredo
1004.**As melhores histórias da mitologia: vol. 2** – A.S. Franchini e Carmen Seganfredo
1005.**Assassinato no beco** – Agatha Christie
1006.**Convite para um homicídio** – Agatha Christie
1007.**Um fracasso de Maigret** – Simenon
1008.**História da vida** – Michael J. Benton
1009.**Jung** – Anthony Stevens
1010.**Arsène Lupin, ladrão de casaca** – Maurice Leblanc
1011.**Dublinenses** – James Joyce
1012.**120 tirinhas da Turma da Mônica** – Mauricio de Sousa
1013.**Antologia poética** – Fernando Pessoa
1014.**A aventura de um cliente ilustre** ***seguido de*** **O último adeus de Sherlock Holmes** – Sir Arthur Conan Doyle
1015.**Cenas de Nova York** – Jack Kerouac
1016.**A corista** – Anton Tchékhov
1017.**O diabo** – Leon Tolstói
1018.**Fábulas chinesas** – Sérgio Capparelli e Márcia Schmaltz
1019.**O gato do Brasil** – Sir Arthur Conan Doyle
1020.**Missa do Galo** – Machado de Assis
1021.**O mistério de Marie Rogêt** – Edgar Allan Poe
1022.**A mulher mais linda da cidade** – Bukowski
1023.**O retrato** – Nicolai Gogol
1024.**O conflito** – Agatha Christie
1025.**Os primeiros casos de Poirot** – Agatha Christie
1026.**Maigret e o cliente de sábado** – Simenon
1027(25).**Beethoven** – Bernard Fauconnier
1028.**Platão** – Julia Annas
1029.**Cleo e Daniel** – Roberto Freire

1030.**Til** – José de Alencar

1031.**Viagens na minha terra** – Almeida Garrett

1032.**Profissões para mulheres e outros artigos feministas** – Virginia Woolf

1033.**Mrs. Dalloway** – Virginia Woolf

1034.**O cão da morte** – Agatha Christie

1035.**Tragédia em três atos** – Agatha Christie

1036.**Maigret hesita** – Simenon

1037.**O fantasma da Ópera** – Gaston Leroux

1038.**Evolução** – Brian e Deborah Charlesworth

1039.**Medida por medida** – Shakespeare

1040.**Razão e sentimento** – Jane Austen

1041.**A obra-prima ignorada *seguido de* Um episódio durante o Terror** – Balzac

1042.**A fugitiva** – Anaïs Nin

1043.**As grandes histórias da mitologia greco-romana** – A. S. Franchini

1044.**O corno de si mesmo & outras historietas** – Marquês de Sade

1045.**Da felicidade *seguido de* Da vida retirada** – Sêneca

1046.**O horror em Red Hook e outras histórias** – H. P. Lovecraft

1047.**Noite em claro** – Martha Medeiros

1048.**Poemas clássicos chineses** – Li Bai, Du Fu e Wang Wei

1049.**A terceira moça** – Agatha Christie

1050.**Um destino ignorado** – Agatha Christie

1051(26).**Buda** – Sophie Royer

1052.**Guerra Fria** – Robert J. McMahon

1053.**Simons's Cat: as aventuras de um gato travesso e comilão – vol. 1** – Simon Tofield

1054.**Simons's Cat: as aventuras de um gato travesso e comilão – vol. 2** – Simon Tofield

1055.**Só as mulheres e as baratas sobreviverão** – Claudia Tajes

1056. **Maigret e o ministro** – Simenon

1057.**Pré-história** – Chris Gosden

1058.**Pintou sujeira!** – Mauricio de Sousa

1059.**Contos de Mamãe Gansa** – Charles Perrault

1060.**A interpretação dos sonhos: vol. 1** – Freud

1061.**A interpretação dos sonhos: vol. 2** – Freud

1062.**Frufru, Rataplã, Dolores** – Dalton Trevisan

1063.**As melhores histórias da mitologia egípcia** – Carmem Seganfredo e A.S. Franchini

1064.**Infância. Adolescência. Juventude** – Tolstói

1065.**As consolações da filosofia** – Alain de Botton

1066.**Diários de Jack Kerouac – 1947-1954**

1067.**Revolução Francesa – vol. 1** – Max Gallo

1068.**Revolução Francesa – vol. 2** – Max Gallo

1069.**O detetive Parker Pyne** – Agatha Christie

1070.**Memórias do esquecimento** – Flávio Tavares

1071.**Drogas** – Leslie Iversen

1072.**Manual de ecologia (vol.2)** – J. Lutzenberger

1073.**Como andar no labirinto** – Affonso Romano de Sant'Anna

1074.**A orquídea e o serial killer** – Juremir Machado da Silva

1075.**Amor nos tempos de fúria** – Lawrence Ferlinghetti

1076.**A aventura do pudim de Natal** – Agatha Christie

1077.**Maigret no Picratt's** – Simenon

1078.**Amores que matam** – Patricia Faur

1079.**Histórias de pescador** – Mauricio de Sousa

1080.**Pedaços de um caderno manchado de vinho** – Bukowski

1081.**A ferro e fogo: tempo de solidão (vol.1)** – Josué Guimarães

1082.**A ferro e fogo: tempo de guerra (vol.2)** – Josué Guimarães

1083.**Carta a meu juiz** – Simenon

1084(17).**Desembarcando o Alzheimer** – Dr. Fernando Lucchese e Dra. Ana Hartmann

1085.**A maldição do espelho** – Agatha Christie

1086.**Uma breve história da filosofia** – Nigel Warburton

1087.**Uma confidência de Maigret** – Simenon

1088.**Heróis da História** – Will Durant

1089.**Concerto campestre** – L. A. de Assis Brasil

1090.**Morte nas nuvens** – Agatha Christie

1091.**Maigret no tribunal** – Simenon

1092.**Aventura em Bagdá** – Agatha Christie

1093.**O cavalo amarelo** – Agatha Christie

1094.**O método de interpretação dos sonhos** – Freud

1095.**Sonetos de amor e desamor** – Vários

1096.**120 tirinhas do Dilbert** – Scott Adams

1097.**124 fábulas de Esopo**

1098.**O curioso caso de Benjamin Button** – F. Scott Fitzgerald

1099.**Piadas para sempre: uma antologia para morrer de rir** – Visconde da Casa Verde

1100.**Hamlet (Mangá)** – Shakespeare

1101.**A arte da guerra (Mangá)** – Sun Tzu

1102.**Maigret na pensão** – Simenon

1103.**Meu amigo Maigret** – Simenon

1104.**As melhores histórias da Bíblia (vol.1)** – A. S. Franchini e Carmen Seganfredo

1105.**As melhores histórias da Bíblia (vol.2)** – A. S. Franchini e Carmen Seganfredo

1106.**Psicologia das massas e análise do eu** – Freud

1107.**Guerra Civil Espanhola** – Helen Graham

1108.**A autoestrada do sul e outras histórias** – Julio Cortázar

1109.**O mistério dos sete relógios** – Agatha Christie

1110.**Peanuts: Ninguém gosta de mim... (amor)** – Charles Schulz

1111.**Cadê o bolo?** – Mauricio de Sousa

1112.**O filósofo ignorante** – Voltaire

1113.**Totem e tabu** – Freud

1114.**Filosofia pré-socrática** – Catherine Osborne

1115.**Desejo de status** – Alain de Botton

1116.**Maigret e o informante** – Simenon

1117.**Peanuts: 120 tirinhas** – Charles Schulz

1118.**Passageiro para Frankfurt** – Agatha Christie

1119.**Maigret se irrita** – Simenon

1120.**Kill All Enemies** – Melvin Burgess

1121.**A morte da sra. McGinty** – Agatha Christie

1122.**Revolução Russa** – S. A. Smith

1123.**Até você, Capitu?** – Dalton Trevisan

1124.**O grande Gatsby (Mangá)** – F. S. Fitzgerald

1125.**Assim falou Zaratustra (Mangá)** – Nietzsche

1126. **Peanuts: É para isso que servem os amigos (amizade)** – Charles Schulz

1127(27).**Nietzsche** – Dorian Astor

1128.**Bidu: Hora do banho** – Mauricio de Sousa

1129.**O melhor do Macanudo Taurino** – Santiago

1130.**Radicci 30 anos** – Iotti

1131.**Show de sabores** – J.A. Pinheiro Machado

1132.**O prazer das palavras** – vol. 3 – Cláudio Moreno

IMPRESSÃO:

GRÁFICA EDITORA
Pallotti
IMAGEM DE QUALIDADE

Santa Maria - RS - Fone/Fax: (55) 3220.4500
www.pallotti.com.br